NEJLEPŠÍ PŘÍRUČKA VÝTVORY CIABATTA

100 řemeslných receptů na výrobu žvýkací a křupavé Ciabatty doma

Richard Klein

Materiál chráněný autorským právem ©2024

Všechna práva vyhrazena

Žádná část této knihy nesmí být použita nebo přenášena v jakékoli formě nebo jakýmikoli prostředky bez řádného písemného souhlasu vydavatele a vlastníka autorských práv, s výjimkou stručných citací použitých v recenzi. Tato kniha by neměla být považována za náhradu lékařských, právních nebo jiných odborných rad.

OBSAH

OBSAH 3
ÚVOD 6
KLASICKÁ CIABATTA 7
   1. Základní Ciabatta 8
   2. Žitná Ciabatta 10
   3. Kváskový chléb Ciabatta 12
   4. Ciabatta Rolls 15
   5. Stroj na chléb Ciabat ta 18
   6. Rýžová Ciabatta 22
   7. Ciabatta z mandlové mouky 25
   8. Ciabatta z maniokové mouky 27
   9. Ciabatta z cizrnové mouky 29
   10. Ciabatta z pohankové mouky 31
   11. Ciabatta z teffové mouky 33
   12. Ciabatta z čirokové mouky 35
OVOCNÁ CIABATTA 37
   13. Ciabatta pizza s hruškou a gorgonzolou 38
   14. Francouzský toast plněný třešní a mascarpone Ciabatta 40
   15. Ciabatta Rolky plněné jablečnou skořicí 42
   16. Ciabatta z vlašských ořechů z celozrnné pšenice 44
   17. Meruňková ciabatta s medovou polevou 47
   18. Ciabatta s borůvkou a citronem 50
   19. Fík a brie celozrnná Ciabatta 53
BYLINNÁ CIABATTA 56
   20. Ciabatta s česnekem z rozmarýnu 57
   21. Česneková petržel Ciabatta 59
   22. Rosemary Ciabatta 61
   23. Rozmarýnová celozrnná Ciabatta 63
OŘECHOVÁ CIABATTA 66
   24. Ciabatta s ořechy a rozinkami 67
   25. Ciabatta s mandlovým mákem 70
   26. Macadamia Ciabatta z brusinek 73
   27. Rybízovo-ořechová ciabatta 76
KOŘENĚNÁ CIABATTA 79
   28. Medové koření kamutový chléb 80
   29. Ciabatta s rozinkou a skořicí 82
   30. Chilli vločky a papriková Ciabatta 85
   31. Kurkuma a kmín Ciabatta 87
ČOKOLÁDOVÁ CIABATTA 89

32. Čokoládová oříšková Ciabatta 90
33. Čokoládově pomerančová Ciabatta 92
34. Dvojitá čokoládová Ciabatta 94
35. Čokoládová třešeň mandlová Ciabatta 96
36. Čokoládové arašídové máslo Swirl Ciabatta 98
37. Čokoládová kokosová Ciabatta 100
38. Čokoládová malinová Ciabatta 102
39. Celozrnná Ciabatta s čokoládou 104

CIABATTA S KOFEINEM 107
40. Espresso Ciabatta 108
41. Zelený čaj Matcha Ciabatta 110
42. Chai kořeněná Ciabatta 112
43. Mocha Chip Ciabatta 114

VEGGIE CIABATTA 116
44. Ciabatta z černé olivy 117
45. Zeleninová ciabatta 120
46. Ciabatta z celozrnných sušených rajčat 122
47. Olivová a bylinková celozrnná Ciabatta 125
48. Celozrnná Ciabatta Jalapeño 128
49. Cheddar a pažitka celozrnná Ciabatta 131
50. Pesto a mozzarella celozrnná Ciabatta 134

SENDVIČE CIABATTA 137
51. Sendvič Caprese Ciabatta 138
52. Sendvič s grilovaným kuřecím pestem Ciabatta 140
53. Italský sendvič Ciabatta 142
54. Sendvič se středomořskou zeleninou Ciabatta 144
55. Krůtí brusinkový sendvič Ciabatta 146
56. Sendvič Ciabatta s lilkem a parmazánem 148
57. Sendvič Ciabatta s pečeným hovězím a křenem 150
58. Ciabatta sendvič s tuňákovým salátem 152
59. Mozzarella Pesto Veggie Ciabatta sendvič 154
60. Sendvič s uzeným lososem a smetanovým sýrem 156
61. BBQ tažený vepřový sendvič Ciabatta 158
62. Řecký kuřecí sendvič Ciabatta 160
63. Steak a karamelizovaný cibulový sendvič 162
64. Avokádový kuřecí sendvič Caesar Ciabatta 164
65. Buffalo Chicken Ciabatta Sendvič 166
66. Sendvič Muffuletta Ciabatta 168
67. Glazovaný houbový sendvič Portobello 170
68. Sendvič Tofu Banh Mi Ciabatta 172
69. Italská klobása a paprika Ciabatta sendvič 174
70. Ciabatta steakový sendvič 176
71. Ciabatta Prosciutto Sendvič 178

PLNĚNÁ CIABATTA 180
72. Caprese plněná Ciabatta 181
73. Ciabatta plněná špenátem a artyčoky 183
74. Středomořská plněná Ciabatta 185
75. Chléb se třemi sýry Ciabatta 187
76. Italská masová koule plněná Ciabatta 189
77. Ciabatta plněná cajunskými krevetami 191
78. Špenátový a artyčokový sýrový chléb Ciabatta 193
79. BBQ tažené vepřové plněné Ciabatta 195
80. Kuřecí Ciabatta plněná Caesarem 197
81. Sýrový česnek Herb Ciabatta Chléb 199
82. Taco plněná Ciabatta 201
83. Ciabatta plněná pečeným hovězím masem a křenem 203
84. Ciabatta plněná buvolím kuřetem 205
85. Kuřecí Pesto plněná Ciabatta 207
86. Sýrový chléb Ciabatta Jalapeño Popper 209
87. Ciabatta s uzeným lososem a smetanovým sýrem 211
88. BLT Ciabatta plněná 213
89. Ciabatta plněná vaječným salátem 215
90. Ciabatta plněná zeleninou a humusem 217
91. Jahodová Ciabatta 219
92. Fík Ciabatta 221
93. Jablečná Ciabatta 223
94. Ciabatta broskev a bazalka 225
95. Ciabatta s malinovým a kozím sýrem 227
96. Hroznová a Gorgonzola Ciabatta 229
97. Hruška a ořech Ciabatta 231
98. Mango Ciabatta 233
99. Blackberry a Ricotta Ciabatta 235
100. Ciabatta se šunkou, sýrem a bylinkami 237
ZÁVĚR 240

ÚVOD

Vítejte v „NEJLEPŠÍ PŘÍRUČKA VÝTVORY CIABATTA", kde se vydáme na cestu za zvládnutím umění výroby žvýkacího a křupavého chleba ciabatta přímo v pohodlí vašeho domova. Ciabatta s výrazným žvýkacím vnitřkem a křupavou kůrkou je oblíbený italský chléb, který uchvátil srdce a chuťové buňky chlebových nadšenců po celém světě. V této kuchařce oslavujeme krásu a všestrannost ciabatty pomocí 100 řemeslných receptů, které vás inspirují k tomu, abyste se stali mistry v pečení chleba.

V této kuchařce objevíte nepřeberné množství receptů, které ukazují nekonečné možnosti chleba ciabatta. Od klasických bochníků a rustikálních rohlíků až po inovativní sendviče a dekadentní dezerty, každý recept je vytvořen tak, aby zvýraznil jedinečnou strukturu a chuť tohoto milovaného chleba. Ať už jste začínající pekař nebo zkušený profesionál, tyto recepty vás provedou procesem vytváření autentického chleba ciabatta, který konkuruje těm, které najdete v řemeslných pekárnách.

Co odlišuje „NEJLEPŠÍ PŘÍRUČKA VÝTVORY CIABATTA" od sebe, je důraz na řemeslo a techniku. S podrobnými instrukcemi, užitečnými tipy a podrobnými průvodci se dozvíte tajemství, jak dosáhnout dokonalé rovnováhy mezi žvýkavostí a křupavostí, která definuje skvělý ciabatta chléb. Ať už hnětete těsto ručně nebo pomocí stojanového mixéru, tvarujete bochníky nebo nakrájíte kůrku, každý krok je nezbytný pro vytvoření dokonalosti ciabatty.

V této kuchařce najdete praktické rady o ingrediencích, vybavení a technikách pečení, které vám pomohou pokaždé dosáhnout výsledků v profesionální kvalitě. Ať už pečete pro svou rodinu, pořádáte večírek nebo si prostě jen dopřáváte domácí pochoutku, „NEJLEPŠÍ PŘÍRUČKA VÝTVORY CIABATTA" vám umožní popustit uzdu kreativitě a stát se mistrem ve vaší kuchyni.

KLASICKÁ CIABATTA

1.Základní Ciabatta

SLOŽENÍ:
- 4 hrnky chlebové mouky
- 2 lžičky instantního droždí
- 2 lžičky soli
- 1 ½ šálku vlažné vody
- Olivový olej (na mazání)

INSTRUKCE:
a) Ve velké míse smíchejte chlebovou mouku, instantní droždí a sůl. Dobře promíchejte.
b) Postupně přidávejte vlažnou vodu k suchým ingrediencím a míchejte lžící nebo rukama, dokud nevznikne lepivé těsto.
c) Mísu přikryjte čistou kuchyňskou utěrkou a nechte těsto asi 15 minut odpočívat.
d) Po odpočinku lehce naolejujte čistý pracovní povrch a ruce, aby se nepřilepily. Těsto přeneste na povrch.
e) Těsto začněte hníst tak, že ho přeložíte přes sebe, natáhnete a poté znovu složíte. Tento postup opakujte asi 10-15 minut, nebo dokud nebude těsto hladké, pružné a méně lepivé.
f) Uhnětené těsto dáme do lehce olejem vymazané mísy, přikryjeme utěrkou a necháme na teplém místě kynout asi 1-2 hodiny, nebo dokud nezdvojnásobí svůj objem.
g) Jakmile těsto vykyne, opatrně ho přendejte na pomoučněnou plochu. Dávejte pozor, abyste ji příliš nevyfoukli.
h) Těsto rozdělte na dvě stejné části a každou vytvarujte do podlouhlého oválného tvaru připomínajícího pantofle nebo sandály. Bochníky položte na plech vyložený pečicím papírem.
i) Bochníky přikryjte kuchyňskou utěrkou a nechte je kynout dalších 30-45 minut, nebo dokud se viditelně nerozšíří.
j) Předehřejte troubu na 220 °C (425 °F).
k) Volitelné: Pomocí ostrého nože nebo žiletky udělejte šikmé řezy přes horní část každého bochníku, abyste vytvořili rustikální vzor.
l) Plech s bochníky vložte do předehřáté trouby a pečte asi 20–25 minut, nebo dokud chléb nezezlátne a při poklepání na dno nezní dutě.
m) Po upečení vyjměte ciabattu z trouby a před krájením a podáváním je nechte vychladnout na mřížce.

2.Žitná Ciabatta

SLOŽENÍ:

- 7 uncí (200 g) předkrm z pšeničného kvásku
- ½ šálku (50 g) jemné žitné mouky
- 4 šálky (500 g) pšeničné mouky
- Cca. 1⅔ šálku (400 ml) vody, pokojová teplota
- ½ polévkové lžíce (10 g) soli
- olivový olej do misky

INSTRUKCE:

a) Všechny ingredience kromě soli smícháme a dobře prohněteme. Přidejte sůl.
b) Těsto dejte do vymaštěné mísy. Těsto zakryjte plastovou fólií a nechte přes noc odležet v lednici.
c) Druhý den těsto opatrně nalijte na pečící stůl.
d) Těsto přeložíme a necháme asi 5 hodin uležet v lednici a jednou za hodinu těsto znovu přeložíme.
e) Nalijte těsto na stůl. Nakrájejte ho na kousky o velikosti zhruba 2 × 6 palců (10 × 15 cm) a položte je na vymazaný plech. Necháme je v lednici ještě 10 hodin kynout. Proto výroba tohoto chleba trvá asi 2 dny.
f) Počáteční teplota trouby: 475 °F (250 °C)
g) Vložte bochníky do trouby. Na dno trouby nastříkejte šálek vody. Snižte teplotu na 400 °F (210 °C) a pečte asi 15 minut.
h) Těsto přeložíme a necháme asi 5 hodin v lednici. Během této doby opakujte skládání jednou za hodinu.
i) Těsto položíme na pomoučněnou plochu a roztáhneme.
j) Těsto nakrájejte na kousky o velikosti asi 2 × 6 palců (10 × 15 cm).

3.Kváskový chléb Ciabatta

SLOŽENÍ:
- 360 gramů (asi 1,5 šálku) vody
- 12 gramů (asi 2 lžičky) soli
- 100 gramů (asi 1/2 šálku) aktivního kvásku
- 450 gramů (asi 3,5 šálků) chlebové mouky

INSTRUKCE:
MÍCHAJTE TĚSTO:
a) Vložte vodu do velké mísy. Přidejte sůl a krátce promíchejte.

b) Přidejte předkrm a krátce promíchejte, aby se zapracoval. Přidejte mouku a míchejte, dokud nezískáte mokrou, lepkavou kouli těsta. Je-li třeba, krátce prohněteme rukama, aby se přidala mouka. Přikryjte utěrkou nebo látkovým krytem a nechte 30 minut odležet.

c) Protažení a přeložení: Mokrýma rukama uchopte jednu stranu těsta a vytáhněte nahoru a do středu. Otočte misku o čtvrt otáčky a opakujte uchopení a tažení. Dělejte to, dokud neuděláte celý kruh.

d) Přikryjte misku. Tento proces opakujte ještě třikrát v 30minutových intervalech, celkem 4 sady protažení a záhybů v průběhu dvou hodin.

VELKÉ FERMENTACE:
e) Těsto přendejte do nádoby s rovnými stěnami. Přikryjte nádobu ručníkem. Necháme kynout při pokojové teplotě, dokud těsto téměř nezdvojnásobí svůj objem (vystřelíme na 75% nárůst objemu). Časy se budou lišit v závislosti na vašem prostředí a síle vašeho startéru.

f) Nádobu přikryjte víkem (ideálně) nebo utěrkou (pokud používáte utěrku, potřete vršek těsta olejem, aby nevyschlo.) Přeneste na 12-24 hodin do lednice.

TVAR:
g) Vyjměte nádobu z chladničky. Odstraňte víko. Vrch těsta hojně posypte moukou. Těsto vyklopte na pomoučněnou pracovní plochu. Těsto rozválíme do obdélníku.

h) Vrch posypte moukou. Pomocí stolní škrabky rozřízněte těsto svisle na polovinu. Poté proveďte tři řezy rovnoměrně rozmístěné v každé polovině, abyste vytvořili 8 malých obdélníků.

i) Plech vyložte pečicím papírem. Pomoučenýma rukama přeneste každý obdélník na připravenou pánev a jemně vytáhněte ven. Přikryjte pánev ručníkem. Nechte jednu hodinu stát.

UPÉCT:
j) Zahřejte troubu na 475 °F. Přeneste plech do trouby a pečte 10 minut. Snižte teplotu na 450 °F, otočte pánev a pečte dalších 10 minut. Vyjměte pánev z trouby.

k) Rohlíky ciabatty přeneste na chladicí rošt. Před krájením nechte 20 až 30 minut vychladnout.

4. Ciabatta Rolls

SLOŽENÍ:
- 1 lžička instantního droždí
- 240 gramů vody, pokojové teploty (přibližně 1 šálek)
- 300 gramů víceúčelové mouky (přibližně 2,5 šálků)
- 1 lžička soli

INSTRUKCE:
PŘIPRAVTE TĚSTO (1 HODINA KYSNUTÍ):
a) V malém hrnku rozpustíme instantní droždí ve vlažné vodě a promícháme (směs by měla začít bublat a vyvinout kvasnicové aroma). Nechte 2 minuty uležet.

b) Do velké mísy přidejte mouku a sůl. Nalijte směs droždí a šlehejte, dokud se zcela nespojí, seškrábněte stěny mísy (neměly by být vidět žádné suché částice mouky). Směs je velmi lepivá a mokrá, s 80% hydratací (poměr mouky a vody).

c) Mísu zakryjte plastovým obalem a nechte 1 hodinu uležet při pokojové teplotě

PROPÁHNOUT A SLOŽIT TĚSTO (1,5 HODINY KYSNUTÍ):
d) Naneste trochu vody na ruce a těsto v míse protáhněte a přeložte tak, že okraje přehnete do středu, jeden okraj po druhém. Mokré ruce usnadňují práci s těstem a přeložení všech 4 stran by vám mělo zabrat méně než minutu. Zakryjte plastovým obalem a nechte těsto 30 minut odpočívat.

e) Tento krok natahování a překládání opakujte, poté přikryjte plastovým obalem a nechte těsto dalších 30 minut odpočívat. Poté zopakujte krok natažení a skládání naposledy a nechte dalších 30 minut odpočívat. Po 3 kolech protažení a přeložení s 30minutovým odpočinkem těsto vykyne a přibližně zdvojnásobí svůj objem.

VYtvarujte TĚSTO (40 MINUT DOBA KYSNUTÍ):
f) Těsto přendejte na pomoučněnou plochu. Všimněte si, že těsto bude stále velmi lepivé a to je v pořádku. Těsto posypeme trochou mouky a jemným vytažením zespodu z něj vytvarujeme obdélník. Dávejte pozor, abyste těsto nestlačili, protože vzduchové otvory zachycené uvnitř by se mohly vymáčknout.

g) Těsto rozválíme na špalek a zatlačíme na okraj, aby se uzavřel. Vyválené těsto rozdělte na 4-5 stejných dílů a každý díl položte alespoň dva palce od sebe na dobře pomoučenou pracovní plochu. Těsto necháme asi 40 minut odpočinout. Tomu se říká finální nátisk.

Upečte si ROLÍČKY CIABATTY:

h) Každé těsto opatrně přeneste na plech o rozměrech 8 x 12 palců vyložený pečicím papírem. Protože je těsto stále dost lepivé, poprašte ho moukou, abyste si s ním pomohli. Dát stranou.

i) Naplňte pekáč vodou a vložte jej na dno trouby. Předehřejte troubu na 420 F a nechte ji naplnit párou z vody. Když je trouba připravená, zasuňte plech na pečení a ihned na těsto nastříkejte trochu vody. Pečte 20 minut.

j) Chléb necháme 20 minut vychladnout.

k) Chcete-li zkontrolovat, zda je chléb hotový, můžete prstem poklepat na spodní část chleba. Chléb bude znít dutě, až budou hotové.

5.Stroj na chléb Ciabatta

SLOŽENÍ:
VELKÁ
- ⅛ lžičky instantního nebo chlebového droždí
- ½ šálku (114 g) vody, vychladit
- 1 šálek (120 g) nebělené víceúčelové mouky

TĚSTO CIABATTA
- ½ šálku (114 g) vody, vychladit
- ¼ šálku (57 g) mléka, chladného
- 1½ lžičky stolní nebo mořské soli
- 2 hrnky (240 g) nebělené víceúčelové mouky
- ½ lžičky instantního nebo chlebového droždí
- mouku nebo krupici na pomoučení desky a rukou

INSTRUKCE:
MÍCHÁNÍ VELKÉ
a) Smíchejte ⅛ čajové lžičky instantního nebo chlebového droždí, ½ šálku (114 g) vody, chladu a 1 šálek (120 g) nebělené víceúčelové mouky v pekáči. (Pokud nechcete pekárnu zavazovat tak dlouho, použijte jinou nádobu.) Zvolte cyklus TĚSTO a zapněte jej asi na 5 minut, aby se ingredience promíchaly. Malou stěrkou seškrábejte přebytečnou mouku z rohů do mokré moučné směsi. Vypněte nebo odpojte stroj a nechte ho 12-24 hodin.

b) Pokud biga nepoužijete do 24 hodin, umístěte napěněnou směs do chladničky. Chuť bude jen lepší - až 3-4 dny. Než budete pokračovat k dalšímu kroku, nechte biga ohřát na pokojovou teplotu.

MÍCHÁNÍ TĚSTA CIABATTA
c) V uvedeném pořadí přidejte ½ šálku (114 g) vody, studené, ¼ šálku (57 g) mléka, studeného, 1½ lžičky stolní nebo mořské soli, 2 šálky (240 g) nebělené univerzální mouky a ½ lžičky instantní nebo chlebové zapracujte kvásek na bigu ve vaší pekárně.

d) Zvolte cyklus TĚSTO a stiskněte start. Po 15-20 minutách otevřete víko a zkontrolujte těsto. Těsto by se mělo začít lesknout, ale stále bude lepivé. Těsto se bude vinout kolem lopatky (lopatek).

e) Pokud se těsto vůbec nelepí do stran, přidávejte po 1 lžíci vodu. Pokud těsto vypadá spíše jako husté palačinkové těsto, přidejte mouku navíc po 1 lžíci. Pokud jste mouku odvážili správně, doufejme, že nebudou nutné žádné úpravy.

f) Když se hnětení zastaví, vyjměte pánev ze stroje. Nenechávejte cyklus TĚSTO dokončit jako obvykle.

g) 3-litrovou čtvercovou nebo obdélníkovou nádobu lehce postříkejte olejem. K potažení vnitřku nádoby použijte štětec nebo ruku.

h) Pomocí vymaštěné stěrky odstraňte lepkavé těsto z pekáčku do dobře vymaštěné plastové nádoby. Všechny povrchy těsta naolejujte převrácením těsta stěrkou.

i) Přikryjte a nechte těsto kynout při pokojové teplotě. Nesnažte se to uspěchat. Těsto necháme vykynout do dvojnásobku. To může trvat hodinu nebo déle, pokud je místnost chladná.

j) Pomocí namazané stěrky jej v rozích zasuňte pod těsto a zvedněte každý roh a každou stranu nahoru a do středu.

k) Přikryjte a nechte 30 minut uležet.

l) Opakujte předchozí krok, abyste zvedli rohy těsta směrem ke středu. Opět necháme těsto 30 minut odpočinout. To pomáhá zajistit děravou texturu

TVAROVÁNÍ TĚSTA CIABATTA

m) Na pomoučení desky a rukou použijte mouku nebo krupici. Těsto vyprázdněte otočením nádoby dnem vzhůru na desku nebo pracovní plochu. Těsto by mělo mít stejný obecný čtvercový nebo obdélníkový tvar jako nádoba, ve které kynulo. NEDŘEVŇUJTE TĚSTO DOLŮ jako normální chlebové těsto.

n) Nastříkejte nebo natřete škrabku (nebo velký nůž) olivovým olejem. Pomocí ní rozdělte obdélník těsta na polovinu.

o) Zachyťte dlouhé vnitřní okraje každého bochníku naolejovanou škrabkou a vytáhněte ji nahoru asi do poloviny a směrem k vnějšímu okraji. Mezi jednotlivými bochníky tak zůstane více místa.

p) Nyní zachyťte vnější okraj každého bochníku (ten, který v tuto chvíli vypadá, že má spadnout z tácu) škrabkou na lavici. Znovu jej vytáhněte přes bochník asi do poloviny ve směru doprostřed plechu.

q) Narovnejte a začistěte tvar stolním nožem. Dobře namazanými nebo moukou vysypanými prsty (jako byste hráli na klavír) povrch těsta dolíčte.

DRUHÉ VSTÁNÍ A PEČENÍ

r) Pokud používáte silikonovou podložku, přeneste nebo vytáhněte podložku s vytvarovanými bochníky na plech bez okraje.

s) Pokud nepoužíváte silikonovou podložku, použijte bohatě pomoučené ruce a opatrně přeneste dva válečky těsta na připravený plech.

t) Bochníky přikryjte, aby těsto nevysychalo a nevytvářelo kůrku. Velký kus igelitové fólie můžete také postříkat olejem a bochníky jím pokrýt.

u) Předehřejte troubu na 450°F (230°C).

v) Nechte bochníky odpočívat asi 30-45 minut nebo dokud nebudou nafouklé.

w) Bochníky postříkejte vodou pomocí rozprašovače. Pečte při 450 ° F (230 ° C) po dobu 18-20 minut. Během prvních 5 minut pečení nastříkejte bochníky ještě jednou nebo dvakrát. Udělejte to rychle, aby vaše trouba neztratila příliš mnoho tepla.

x) Bochníky jsou hotové, když je kůrka zlatavě hnědá a vnitřní teplota dosahuje 210°F (98°C).

y) Před krájením nechte bochníky vychladnout na mřížce alespoň hodinu.

6.Rýžová Ciabatta

SLOŽENÍ:
BEZLEPKOVÁ VŠEÚČELOVÁ SMĚS MOUKY
- 6 šálků kamenné mleté bílé rýžové mouky
- 3 1/4 šálků čirokové mouky
- 1 3/4 šálku tapiokové mouky nebo škrobu
- 1 1/4 šálku bramborového škrobu
- 1/4 šálku xanthanové gumy nebo prášku ze slupek psyllia

BEZLEPKOVÝ CHLEB CIABATTA
- 6 1/2 šálků bezlepkové víceúčelové moučné směsi
- 1 polévková lžíce instantního droždí nebo suchého aktivního droždí
- 1 až 1 1/2 lžíce hrubé košer soli
- 2 lžíce rafinovaného cukru
- 3 3/4 hrnku vlažné vody
- pergamenový papír nebo kukuřičná mouka

INSTRUKCE:
BEZLEPKOVÁ VŠEÚČELOVÁ SMĚS MOUKY
a) Vyšlehejte a smíchejte přísady v 5- až 6litrové nádobě s víkem.
b) Dokončete zvednutím nádoby a energickým protřepáváním, dokud se mouky zcela nepromísí.

BEZLEPKOVÝ CHLEB CIABATTA
c) V 5 až 6-litrové míse nebo stojanovém mixéru prošlehejte mouku, droždí, sůl a cukr.
d) Přidejte vlažnou vodu – vlažná voda (100ºF) umožní těstu vykynout do správného bodu pro skladování asi za 2 hodiny.
e) Mixujte pomocí lopatkového nástavce mixéru, dokud není směs velmi hladká, po dobu asi jedné minuty. Případně pomocí lžíce nebo špachtle dobře promíchejte rukou po dobu jedné až dvou minut. Hnětení není nutné. Přeneste směs do uzavřené (ne vzduchotěsné) nádoby na potraviny.
f) Zakryjte víčkem, které dobře přiléhá k nádobě, ale lze ji rozlomit, takže není úplně vzduchotěsná. Igelitový obal je v pořádku. Směs se nechá vykynout při teplotě místnosti asi 2 hodiny; poté jej ochlaďte a použijte během následujících 10 dnů. Část těsta můžete použít kdykoli po 2 hodinách kynutí. Plně chlazené mokré těsto je méně lepivé a snáze se s ním pracuje než s těstem pokojové teploty, ale ať děláte

cokoli, těsto nepropichujte – to je při pečení bezlepkového chleba zbytečné.

g) V den pečení: Odeberte 1 libru (velikost grapefruitu) těsta a položte ho na slupku pizzy připravenou s velkým množstvím kukuřičné mouky nebo na velký kus pergamenu. Jemně vtlačte těsto do podlouhlého oválu o tloušťce 3/4 palce o rozměrech asi 9 x 5 palců. K vyhlazení povrchu použijte vlhké prsty. Vršek poprašte rýžovou moukou a volně přikryjte igelitem nebo převrácenou mísou.

h) Nechte 30 minut odpočívat při pokojové teplotě. Těsto nebude po 30 minutách vypadat, jako by příliš vykynulo – to je normální. Odstraňte plastovou fólii a poprašte další moukou, pokud se většina odloupla nebo absorbovala.

i) Zatímco těsto odpočívá, předehřejte pečicí kámen nebo pečicí ocel poblíž středu trouby nastavené na 450 °F po dobu 30 minut. Případně předehřejte holandskou troubu s víkem po dobu 45 minut na 450 °F. Pokud používáte kámen nebo ocel, umístěte na polici pod kámen nebo ocel prázdnou kovovou misku na brojlery pro zadržování vody.

j) Bochník nastrouhejte na předehřátý kámen. Rychle a opatrně nalijte 1 šálek horké vody z kohoutku do kovového plechu na brojlery a zavřete dvířka trouby, abyste zachytili páru. Pokud používáte pergamenový papír na ocel nebo kámen, odstraňte jej po 20 minutách. Bochník pečeme celkem 35 minut. Případně použijte kus pergamenového papíru jako rukojeti a opatrně vložte pečicí papír s těstem do předehřátého hrnce. Zakryjte a vložte do trouby. S holandskou troubou není potřeba parní lázeň. Pokud používáte předehřátou nádobu, po 30 minutách sejměte víko a pečte ještě 5 minut odkryté nebo dokud kůrka nezezlátne.

k) Nechte chléb úplně vychladnout, asi 2 hodiny, na mřížce. Bezlepkový chléb potřebuje k úplnému ztuhnutí celé dvě hodiny chlazení.

l) Zbývající těsto uchovávejte v chladničce ve vaší nádobě s víkem nebo volně igelitovou fólií a použijte je během následujících 10 dnů. Pokud vaše nádoba není odvětrávaná, nechte plyny unikat tak, že necháte víko po dobu prvních pár dní v lednici otevřené. Poté může být uzavřen.

7.Ciabatta z mandlové mouky

SLOŽENÍ:
- 2 hrnky mandlové mouky
- 1/2 hrnku kokosové mouky
- 2 1/4 lžičky aktivního sušeného droždí (1 balíček)
- 1 lžička soli
- 1 1/2 šálku teplé vody
- 1 lžíce medu (nebo sladidla dle vašeho výběru)
- 2 lžíce olivového oleje
- 1 lžička xanthanové gumy (volitelně)

INSTRUKCE:
a) Ve velké míse smíchejte mandlovou mouku, kokosovou mouku, aktivní suché droždí a sůl. Dobře je promíchejte.
b) V samostatné misce smíchejte teplou vodu, med (nebo vámi zvolené sladidlo) a olivový olej. Míchejte, dokud se med nerozpustí.
c) Mokrou směs vlijeme do suchých surovin a mícháme, dokud nevznikne těsto. Pokud chcete, můžete v tomto bodě přidat xanthanovou gumu pro lepší texturu, ale je to volitelné.
d) Jakmile je těsto dobře promíchané, vytvarujte ho na plech vyložený pečicím papírem do tvaru ciabatty.
e) Předehřejte troubu na 350 °F (175 °C).
f) Ciabattu necháme kynout asi 20 minut. Během této doby jej můžete přikrýt čistou kuchyňskou utěrkou.
g) Po kynutí pečte ciabattu v předehřáté troubě asi 35-40 minut, nebo dokud není zvenku zlatavě hnědá a při poklepání zní dutě.
h) Před krájením a podáváním nechte ciabattu vychladnout.

8.Ciabatta z maniokové mouky

SLOŽENÍ:
- 2 šálky maniokové mouky
- 1 šálek tapiokové mouky
- 2 1/4 lžičky aktivního sušeného droždí (1 balíček)
- 1 lžička soli
- 1 1/2 šálku teplé vody
- 1 lžíce cukru
- 2 lžíce olivového oleje
- 1 lžička xanthanové gumy (volitelně)

INSTRUKCE:
a) Ve velké míse smíchejte maniokovou mouku, tapiokovou mouku, aktivní suché droždí a sůl. Důkladně je promíchejte.
b) V samostatné misce smíchejte teplou vodu, cukr a olivový olej. Míchejte, dokud se cukr úplně nerozpustí.
c) Mokrou směs nalijeme do mísy se suchými přísadami a mícháme, dokud nevznikne těsto. Pokud si přejete, můžete v tomto bodě přidat xanthanovou gumu pro zlepšení textury, ale je to volitelné.
d) Jakmile je těsto dobře promíchané, vytvarujte z něj na plechu vyloženém pečicím papírem ciabattu.
e) Předehřejte troubu na 350 °F (175 °C).
f) Ciabattu nechte asi 20 minut kynout. Během této doby jej můžete přikrýt čistou kuchyňskou utěrkou.
g) Po kynutí pečte ciabattu v předehřáté troubě asi 35-40 minut, nebo dokud není zvenku zlatavě hnědá a při poklepání zní dutě.
h) Před krájením a podáváním nechte ciabattu vychladnout.

9.Ciabatta z cizrnové mouky

SLOŽENÍ:
- 2 hrnky cizrnové mouky
- 1/2 šálku bramborového škrobu
- 2 1/4 lžičky aktivního sušeného droždí (1 balíček)
- 1 lžička soli
- 1 1/2 šálku teplé vody
- 1 lžíce cukru
- 2 lžíce olivového oleje
- 1 lžička xanthanové gumy (volitelně)

INSTRUKCE:
a) Ve velké míse smíchejte cizrnovou mouku, bramborový škrob, aktivní suché droždí a sůl. Důkladně je promíchejte.
b) V samostatné misce smíchejte teplou vodu, cukr a olivový olej. Míchejte, dokud se cukr úplně nerozpustí.
c) Mokrou směs nalijeme do mísy se suchými přísadami a mícháme, dokud nevznikne těsto. Pokud si přejete, můžete v tomto bodě přidat xanthanovou gumu pro zlepšení textury, ale je to volitelné.
d) Jakmile je těsto dobře promíchané, vytvarujte z něj na plechu vyloženém pečicím papírem ciabattu.
e) Předehřejte troubu na 350 °F (175 °C).
f) Ciabattu nechte asi 20 minut kynout. Během této doby jej můžete přikrýt čistou kuchyňskou utěrkou.
g) Po kynutí pečte ciabattu v předehřáté troubě asi 35-40 minut, nebo dokud není zvenku zlatavě hnědá a při poklepání zní dutě.
h) Před krájením a podáváním nechte ciabattu vychladnout.

10. Ciabatta z pohankové mouky

SLOŽENÍ:
- 2 hrnky pohankové mouky
- 1 šálek hnědé rýžové mouky
- 2 1/4 lžičky aktivního sušeného droždí (1 balíček)
- 1 lžička soli
- 1 1/2 šálku teplé vody
- 1 lžíce medu (nebo sladidla dle vašeho výběru)
- 2 lžíce olivového oleje
- 1 lžička xanthanové gumy (volitelně)

INSTRUKCE:
a) Ve velké míse smíchejte pohankovou mouku, hnědou rýžovou mouku, aktivní suché droždí a sůl. Důkladně je promíchejte.
b) V samostatné misce smíchejte teplou vodu, med (nebo vámi zvolené sladidlo) a olivový olej. Míchejte, dokud se med úplně nerozpustí.
c) Mokrou směs nalijeme do mísy se suchými přísadami a mícháme, dokud nevznikne těsto. Pokud si přejete, můžete v tomto bodě přidat xanthanovou gumu pro zlepšení textury, ale je to volitelné.
d) Jakmile je těsto dobře promíchané, vytvarujte z něj na plechu vyloženém pečicím papírem ciabattu.
e) Předehřejte troubu na 350 °F (175 °C).
f) Ciabattu nechte asi 20 minut kynout. Během této doby jej můžete přikrýt čistou kuchyňskou utěrkou.
g) Po kynutí pečte ciabattu v předehřáté troubě asi 35-40 minut, nebo dokud není zvenku zlatavě hnědá a při poklepání zní dutě.
h) Před krájením a podáváním nechte ciabattu vychladnout.

11. Ciabatta z teffové mouky

SLOŽENÍ:
- 2 hrnky teffové mouky
- 1 šálek tapiokové mouky
- 2 1/4 lžičky aktivního sušeného droždí (1 balíček)
- 1 lžička soli
- 1 1/2 šálku teplé vody
- 1 lžíce cukru
- 2 lžíce olivového oleje
- 1 lžička xanthanové gumy (volitelně)

INSTRUKCE:

a) Ve velké míse smíchejte teffovou mouku, tapiokovou mouku, aktivní suché droždí a sůl. Důkladně je promíchejte.
b) V samostatné misce smíchejte teplou vodu, cukr a olivový olej. Míchejte, dokud se cukr úplně nerozpustí.
c) Mokrou směs nalijeme do mísy se suchými přísadami a mícháme, dokud nevznikne těsto. Pokud si přejete, můžete v tomto bodě přidat xanthanovou gumu pro zlepšení textury, ale je to volitelné.
d) Jakmile je těsto dobře promíchané, vytvarujte z něj na plechu vyloženém pečicím papírem ciabattu.
e) Předehřejte troubu na 350 °F (175 °C).
f) Nechte ciabattu kynout asi 20 minut. Během této doby jej můžete přikrýt čistou kuchyňskou utěrkou.
g) Po kynutí pečte ciabattu v předehřáté troubě asi 35-40 minut, nebo dokud není zvenku zlatavě hnědá a při poklepání zní dutě.
h) Před krájením a podáváním nechte ciabattu vychladnout.

12. Ciabatta z čirokové mouky

SLOŽENÍ:
- 2 hrnky čirokové mouky
- 1 šálek bramborového škrobu
- 2 1/4 lžičky aktivního sušeného droždí (1 balíček)
- 1 lžička soli
- 1 1/2 šálku teplé vody
- 1 lžíce cukru
- 2 lžíce olivového oleje
- 1 lžička xanthanové gumy (volitelně)

INSTRUKCE:
a) Ve velké míse smíchejte čirokovou mouku, bramborový škrob, aktivní suché droždí a sůl. Důkladně je promíchejte.
b) V samostatné misce smíchejte teplou vodu, cukr a olivový olej. Míchejte, dokud se cukr úplně nerozpustí.
c) Mokrou směs nalijeme do mísy se suchými přísadami a mícháme, dokud nevznikne těsto. Pokud si přejete, můžete v tomto bodě přidat xanthanovou gumu pro zlepšení textury, ale je to volitelné.
d) Jakmile je těsto dobře promíchané, vytvarujte z něj na plechu vyloženém pečicím papírem ciabattu.
e) Předehřejte troubu na 350 °F (175 °C).
f) Ciabattu nechte asi 20 minut kynout. Během této doby jej můžete přikrýt čistou kuchyňskou utěrkou.
g) Po kynutí pečte ciabattu v předehřáté troubě asi 35-40 minut, nebo dokud není zvenku zlatavě hnědá a při poklepání zní dutě.
h) Před krájením a podáváním nechte ciabattu vychladnout.

OVOCNÁ CIABATTA

13. Ciabatta pizza s hruškou a gorgonzolou

SLOŽENÍ:
- 1 várka základního těsta na ciabattu
- 2 zralé hrušky, nakrájené na tenké plátky
- 1/2 šálku rozdrobeného sýra Gorgonzola
- 2 lžíce medu
- 1/4 šálku nasekaných vlašských ořechů
- Listy čerstvého tymiánu na ozdobu

INSTRUKCE:
a) Předehřejte troubu na 425 °F (220 °C).
b) Základní těsto na ciabattu připravte podle svého oblíbeného receptu.
c) Jakmile těsto vykyne, protlačte ho a rozdělte na dvě stejné části.
d) Každou část těsta rozválejte na pomoučené ploše do tenkého kruhu.
e) Vyválené těsto přendejte na plech vyložený pečicím papírem.
f) Povrch každého kruhu těsta rovnoměrně pokapejte medem.
g) Na med naskládejte na tenké plátky nakrájené hrušky.
h) Hrušky posypeme rozdrobeným sýrem Gorgonzola a nasekanými vlašskými ořechy.
i) Pečte v předehřáté troubě 15–20 minut, nebo dokud není kůrka ciabatty zlatavě hnědá a křupavá.
j) Vyjměte z trouby a před krájením nechte mírně vychladnout.
k) Před podáváním ozdobte lístky čerstvého tymiánu.

14. Francouzský toast plněný třešní a mascarpone Ciabatta

SLOŽENÍ:
- 1 várka základního těsta na ciabattu
- 1 šálek vypeckovaných třešní, rozpůlených
- 4 unce sýra mascarpone
- 4 velká vejce
- 1/2 šálku mléka
- 2 lžíce krystalového cukru
- 1 lžička vanilkového extraktu
- Javorový sirup k podávání

INSTRUKCE:
a) Předehřejte troubu na 375 °F (190 °C).
b) Základní těsto na ciabattu připravte podle svého oblíbeného receptu.
c) Jakmile těsto vykyne, protlačte ho a rozdělte na čtyři stejné části.
d) Každou část těsta rozválejte na pomoučené ploše na malý obdélník.
e) Na polovinu každého obdélníku těsta rovnoměrně rozetřeme sýr mascarpone.
f) Na sýr mascarpone položte půlky třešní.
g) Druhou polovinu těsta přeložte přes náplň, aby vznikla kapsa a okraje utěsněte.
h) V mělké misce prošlehejte vejce, mléko, krystalový cukr a vanilkový extrakt, abyste získali těsto na francouzské toasty.
i) Ponořte každou plněnou kapsu ciabatty do těsta na francouzské toasty a potřete obě strany.
j) Naplněné kapsy ciabatty položte na plech vyložený pečicím papírem.
k) Pečte v předehřáté troubě 20–25 minut, nebo dokud není ciabatta zlatavě hnědá a propečená.
l) Podávejte teplé s javorovým sirupem.

15. Ciabatta Rolky plněné jablečnou skořicí

SLOŽENÍ:
- 1 várka základního těsta na ciabattu
- 2 jablka, oloupaná, zbavená jádřinců a nakrájená na kostičky
- 2 lžíce nesoleného másla
- 1/4 šálku hnědého cukru
- 1 lžička mleté skořice
- 1/4 lžičky mletého muškátového oříšku
- 1 lžíce citronové šťávy
- Moučkový cukr na posypání (volitelně)

INSTRUKCE:
a) Předehřejte troubu na 375 °F (190 °C).
b) Základní těsto na ciabattu připravte podle svého oblíbeného receptu.
c) V pánvi na středním plameni rozpustíme máslo. Přidejte na kostičky nakrájená jablka a vařte do změknutí, asi 5-7 minut.
d) Vmíchejte hnědý cukr, mletou skořici, mletý muškátový oříšek a citronovou šťávu. Vařte další 2-3 minuty, dokud směs nezkaramelizuje a nevoní. Odstraňte z ohně a nechte mírně vychladnout.
e) Těsto na ciabattu rozdělte na malé porce. Každou část vyrovnejte do kruhu.
f) Do středu každého kruhu ciabatty naneste jablečnou směs.
g) Okraje těsta na ciabattu přeložte přes jablečnou náplň, okraje sevřete, aby se uzavřely a vytvořily kouli.
h) Naplněné rolky ciabatty položte na plech vyložený pečicím papírem.
i) Pečte v předehřáté troubě 15–20 minut, nebo dokud nejsou závitky zlatavě hnědé a propečené.
j) Vyjměte z trouby a nechte mírně vychladnout. Před podáváním poprašte podle potřeby moučkovým cukrem.

16.Ciabatta z vlašských ořechů z celozrnné pšenice

SLOŽENÍ:
- 1 1/2 šálku teplé vody (110 °F nebo 45 °C)
- 2 1/4 lžičky aktivního sušeného droždí (1 balíček)
- 1 lžička cukru
- 3 1/2 hrnku celozrnné mouky
- 1 1/2 lžičky soli
- 1/2 šálku sušených brusinek
- 1/2 šálku nasekaných vlašských ořechů
- 1 lžíce olivového oleje
- kukuřičná mouka nebo krupice (na posypání)

INSTRUKCE:
a) V malé misce smíchejte teplou vodu, droždí a cukr. Nechte uležet asi 5-10 minut, dokud směs nezpění.
b) Ve velké míse smíchejte celozrnnou mouku a sůl. Uprostřed moučné směsi udělejte důlek.
c) Do důlku v mouce nalijte směs droždí a olivový olej.
d) Ingredience míchejte dohromady, dokud nevznikne těsto.
e) Těsto hněteme na pomoučené ploše asi 8-10 minut, dokud nebude hladké a pružné. Pokud je těsto příliš lepivé, můžete přidat ještě trochu mouky.
f) Těsto dejte do lehce olejem vymazané mísy, přikryjte čistou utěrkou nebo plastovou fólií a nechte na teplém místě bez průvanu kynout asi 1 hodinu nebo dokud nezdvojnásobí svůj objem.
g) Předehřejte troubu na 450 °F (230 °C). Během předehřívání vložte do trouby pečicí kámen nebo obrácený plech. Pokud máte kámen na pizzu, funguje to skvěle na pečení ciabatty.
h) Těsto protlačíme a rozdělíme na dvě stejné části.
i) Každou část vyválejte do dlouhého tenkého tvaru ciabatty. Rukama můžete těsto vytvarovat nebo vyválet na pomoučené ploše a poté přenést na plech nebo slupku na pizzu posypanou kukuřičnou nebo krupicovou moukou.
j) Vršek každé ciabatty rovnoměrně posypeme sušenými brusinkami a nasekanými vlašskými ořechy a jemně je vtlačíme do těsta.
k) Vytvarované ciabatty přikryjte čistou utěrkou a nechte je znovu kynout asi 20-30 minut.

l) Pomocí ostrého nože nebo žiletky udělejte šikmé řezy přes vrcholy ciabatty. To jim pomáhá rozšířit a rozvíjet klasický vzhled ciabatty.
m) Ciabattu opatrně přendejte do předehřáté trouby, buď přímo na pečicí kámen, nebo na rozpálený plech. Buďte opatrní při otevírání trouby; je horko!
n) Pečte asi 25–30 minut, nebo dokud není ciabatta zlatavě hnědá a po poklepání na dno zní dutě.
o) Před krájením a podáváním nechte ciabattu vychladnout na mřížce.

17.Meruňková ciabatta s medovou polevou

SLOŽENÍ:
- 2 šálky mouky
- 1,5 šálku vody
- 1 lžička droždí
- 1 polévková lžíce soli
- 10 sušených meruněk, namočených přes noc v pomerančové šťávě
- 3 lžíce medu
- 1 lžíce másla
- 1 lžíce mandlových lupínků
- 1 lžíce rozinek

INSTRUKCE:
a) Začněte tím, že shromáždíte všechny své ingredience.
b) Pro usnadnění přípravy těsta dejte mouku do hluboké mísy. Do mouky přidáme kvásek a sůl, poté zašleháme a vše důkladně promícháme.
c) Přidejte vodu a dobře promíchejte s moučnou směsí. V tuto chvíli skončíte s lepivým těstem.
d) Mísu s těstem zakryjte potravinářskou fólií a nechte 45 minut odpočívat.
e) Po 45 minutách si namočte ruce a těsto několik minut překládejte. Těsto může být ještě trochu lepivé. Tento krok opakujte třikrát, přičemž každé opakování je odděleno 45minutovým intervalem.
f) Po závěrečném 45minutovém intervalu pracovní plochu poprášíme moukou a těsto na ni přeneseme. Na těsto také nasypte trochu mouky.
g) Těsto rozdělte na 4 stejné části.
h) Vezměte jednu porci, stiskněte a potřete a poté vyválejte do tvaru ciabatty. Tento postup opakujte s ostatními částmi.
i) Vyválené těsto dejte na plech vyložený pečicím papírem nebo vymazaný tukem. Přikryjeme látkovým ubrouskem a necháme dalších 20 minut odpočinout.
j) Předehřejte troubu na 200 stupňů Celsia. Zatímco se trouba zahřívá, vyjměte ubrousek a lehce nastříkejte trochu vody na těsto. Na vrchu těsta udělejte ostrým nožem několik zářezů. Pečte 30 minut.

k) Po 30 minutách budete mít krásnou zlatou ciabattu.
l) Nyní si připravíme medově glazované meruňky. Slijte pomerančovou šťávu z meruněk. Na pánvi rozpustíme máslo, a jakmile je horké, přidáme meruňky.
m) Meruňky vaříme z obou stran dozlatova.
n) Přidejte med do pánve a dobře promíchejte, abyste vytvořili lesklou polevu pro meruňky.
o) Je čas sestavit misku. Ciabattu nakrájejte na požadované tvary a poklaďte na ně medově glazované meruňky. Ozdobte mandlovými lupínky a rozinkami.

18.Ciabatta s borůvkou a citronem

SLOŽENÍ:
- 1 balení Droždí
- 1½ lžíce medu
- 1¼ šálku teplé vody
- 1½ šálku chlebové mouky
- 1½ šálku celozrnné mouky
- 1 lžička soli
- 1 šálek čerstvých borůvek
- Kůra z 1 citronu
- ¼ šálku citronové šťávy
- Máslo (na potahování mísy)
- 1 vejce (rozšlehané, na polevu)

INSTRUKCE:
a) Droždí a med rozpusťte ve ¼ šálku teplé vody a nechte asi 10 minut stát do zpěnění.
b) V kuchyňském robotu vybaveném plastovou čepelí na těsto smíchejte chlebovou mouku, celozrnnou mouku a sůl. Zpracujte asi 30 sekund.
c) Přidejte kvasnicovou směs do kuchyňského robotu se spuštěným strojem. Pomalu přidejte zbývající 1 šálek vody přes plnicí trubici. Zpracovávejte, dokud těsto nevyčistí stěny mísy a nebude suché, asi 1 minutu.
d) Těsto vyklopíme na lehce pomoučenou desku.
e) Čerstvé borůvky a citronovou kůru hněťte asi 5 minut, nebo dokud nejsou rovnoměrně rozložené.
f) Velkou mísu potřete máslem. Těsto přendáme do mísy a otočíme, aby se vršek potřel máslem. Zakryjte plastovým obalem a utěrkou a nechte kynout na teplém místě, dokud těsto nezdvojnásobí objem, asi 1 až 1-½ hodiny.
g) Předehřejte troubu na 425 °F (220 °C).
h) Těsto opět vyklopíme na lehce pomoučněnou desku.
i) Promáčkněte, abyste odstranili vzduchové bubliny a vytvarujte těsto do tvaru ciabatty, dlouhého asi 15-16 palců.
j) Vytvarované těsto přendejte na máslem vymazaný plech nebo na pánev na ciabattu.

k) Zakryjte plastovým obalem a utěrkou a nechte kynout, dokud se těsto téměř nezdvojnásobí, asi 45 minut.
l) Ciabattu potřeme rozšlehaným vejcem.
m) Pečte 30 až 40 minut, dokud ciabatta dobře nezhnědne a při poklepání nezní dutě.
n) Zatímco se ciabatta peče, připravte si citronovou polevu smícháním citronové šťávy s trochou medu.
o) Jakmile je ciabatta hotová, vyjměte ji z trouby a ihned ji potřete citronovou polevou, abyste přidali nával citronové chuti.
p) Před krájením nechte ciabattu několik minut vychladnout.
q) Nakrájejte ciabattu na jednotlivé porce a vychutnejte si borůvkovou a citrónovou ciabattu.

19. Fík a brie celozrnná Ciabatta

SLOŽENÍ:
- 1 1/2 šálku teplé vody (110 °F nebo 45 °C)
- 2 1/4 lžičky aktivního sušeného droždí (1 balíček)
- 1 lžička cukru
- 3 1/2 hrnku celozrnné mouky
- 1 1/2 lžičky soli
- 1/2 šálku sušených fíků, nakrájených
- 4 oz sýr Brie, nakrájený na plátky nebo kostky
- 1 lžíce olivového oleje
- kukuřičná mouka nebo krupice (na posypání)

INSTRUKCE:
a) V malé misce smíchejte teplou vodu, droždí a cukr. Nechte uležet asi 5-10 minut, dokud směs nezpění.
b) Ve velké míse smíchejte celozrnnou mouku a sůl. Uprostřed moučné směsi udělejte důlek.
c) Do důlku v mouce nalijte směs droždí a olivový olej.
d) Ingredience míchejte dohromady, dokud nevznikne těsto.
e) Těsto hněteme na pomoučené ploše asi 8-10 minut, dokud nebude hladké a pružné. Pokud je těsto příliš lepivé, můžete přidat ještě trochu mouky.
f) Těsto dejte do lehce olejem vymazané mísy, přikryjte čistou utěrkou nebo plastovou fólií a nechte na teplém místě bez průvanu kynout asi 1 hodinu nebo dokud nezdvojnásobí svůj objem.
g) Předehřejte troubu na 450 °F (230 °C). Během předehřívání vložte do trouby pečicí kámen nebo obrácený plech. Pokud máte kámen na pizzu, funguje to skvěle na pečení ciabatty.
h) Těsto protlačíme a rozdělíme na dvě stejné části.
i) Každou část vyválejte do dlouhého tenkého tvaru ciabatty. Rukama můžete těsto vytvarovat nebo vyválet na pomoučené ploše a poté přenést na plech nebo slupku na pizzu posypanou kukuřičnou nebo krupicovou moukou.
j) Do těsta rovnoměrně vtlačte nakrájené sušené fíky a plátky nebo kostky sýra Brie.
k) Vytvarované ciabatty přikryjte čistou utěrkou a nechte je znovu kynout asi 20-30 minut.

l) Pomocí ostrého nože nebo žiletky udělejte šikmé řezy přes vrcholy ciabatty. To jim pomáhá rozšířit a rozvíjet klasický vzhled ciabatty.
m) Ciabattu opatrně přendejte do předehřáté trouby, buď přímo na pečicí kámen, nebo na rozpálený plech. Buďte opatrní při otevírání trouby; je horko!
n) Pečte asi 25–30 minut, nebo dokud není ciabatta zlatavě hnědá a po poklepání na dno zní dutě.
o) Před krájením a podáváním nechte ciabattu vychladnout na mřížce.
p) Vychutnejte si domácí celozrnnou Ciabattu s fíky a brie s nádhernou kombinací sladkých fíků a smetanového sýra Brie!

BYLINNÁ CIABATTA

20. Ciabatta s česnekem z rozmarýnu

SLOŽENÍ:
- 500 g silné bílé chlebové mouky
- 10 g soli
- 7 g instantního droždí
- 350 ml vlažné vody
- 2 lžíce olivového oleje
- 2 stroužky česneku, mleté
- 1 lžíce nasekaného čerstvého rozmarýnu
- Extra olivový olej na kartáčování

INSTRUKCE:

a) V míse smícháme mouku, sůl a droždí. Přidejte vodu a olivový olej, poté hněteme do hladka.
b) Přikryjte a nechte kynout, dokud nezdvojnásobí svůj objem.
c) Předehřejte troubu na 220 °C (425 °F).
d) Vytlačte těsto a vytvarujte bochník ciabatty.
e) Položte na plech, přikryjte a nechte znovu kynout.
f) Smíchejte nasekaný česnek a nasekaný rozmarýn s trochou olivového oleje. Směs potřete navrch ciabatty.
g) Pečte 25-30 minut dozlatova. Před krájením vychlaďte na mřížce.

21.Česneková petržel Ciabatta

SLOŽENÍ:
- 1 bochník ciabatty
- ½ šálku slaného másla
- 4 stroužky česneku
- 2 lžíce jemně nastrouhaného parmazánu plus navíc na posypání horkého česnekového chleba
- 2 lžíce jemně nasekané ploché listové petrželky
- ⅛ lžičky jemné soli

INSTRUKCE:
a) Předehřejte troubu na 425ºF/220ºC a připravte si velký plech na pečení.
b) Ciabattu rozkrojte podélně napůl a položte řeznou stranou nahoru na plech.
c) Stroužky česneku oloupejte a nasekejte nadrobno. Posypte solí a plochou čepelí nože rozdrťte nasekaný česnek. Propracujte se přes hromadu česneku, pak vše seškrábejte a opakujte. Udělejte to několikrát, dokud nebude česnek jemná pasta.
d) V malé míse smíchejte máslo, mletý česnek, parmazán a petržel.
e) Pomocí paletového nože nebo podobného nože rozetřete máslovou směs v tenké a rovnoměrné vrstvě po řezné straně obou půlek chleba.
f) Pečte 10–15 minut, dokud se máslo nerozpustí a chléb nebude lehce zlatavý. Vyjměte z trouby a ihned posypte extra strouhaným parmazánem. Nakrájejte na 2 palce (5 cm) plátky a podávejte horké.

22. Rosemary Ciabatta

SLOŽENÍ:
- 1 cibule česneku
- 1 lžička soli
- 1 lžíce olivového oleje
- 4 větvičky rozmarýnu
- pouze jehly
- 1 bochník ciabatty
- 1 špetka hrubé mořské soli

INSTRUKCE:
a) Odřízněte vršek cibule česneku (tak, abyste viděli stroužky dolů) a vložte žárovku do ohnivzdorné misky.
b) Posypte lžičkou soli a lžící olivového oleje.
c) Vložte tuto hodinu do trouby na 190 stupňů Celsia.
d) Když česnek vytáhne z trouby, nechte jej krátce vychladnout a poté česnek v misce prolisujte.
e) Přidejte 60 ml olivového oleje a dobře promíchejte.
f) Zvyšte teplotu trouby na 225 stupňů.
g) Chleba nakrájejte nožem, ne skrz naskrz (asi 1 cm nad podložkou).
h) Boky potřete směsí česneku a olivového oleje.
i) Chleba posypte rozmarýnem a 1 lžící hrubé mořské soli. Pokapejte trochou olivového oleje.
j) Vložte chléb do trouby a nechte jej péct 20 až 25 minut.
k) Když chléb ztmavne, můžete ho přikrýt alobalem.

23. Rozmarýnová celozrnná Ciabatta

SLOŽENÍ:
- 1 1/2 šálku teplé vody (110 °F nebo 45 °C)
- 2 1/4 lžičky aktivního sušeného droždí (1 balíček)
- 1 lžička cukru
- 3 1/2 hrnku celozrnné mouky
- 1 1/2 lžičky soli
- 1 lžíce olivového oleje
- 1 1/2 lžíce čerstvého rozmarýnu, jemně nasekaného (nebo 1 1/2 lžičky sušeného rozmarýnu)
- kukuřičná mouka nebo krupice (na posypání)

INSTRUKCE:
a) V malé misce smíchejte teplou vodu, droždí a cukr. Nechte uležet asi 5-10 minut, dokud směs nezpění.
b) Ve velké míse smíchejte celozrnnou mouku, sůl a nasekaný rozmarýn. Uprostřed moučné směsi udělejte důlek.
c) Do důlku v mouce nalijte směs droždí a olivový olej.
d) Ingredience míchejte dohromady, dokud nevznikne těsto.
e) Těsto hněteme na pomoučené ploše asi 8-10 minut, dokud nebude hladké a pružné. Pokud je těsto příliš lepivé, můžete přidat ještě trochu mouky.
f) Těsto dejte do lehce olejem vymazané mísy, přikryjte čistou utěrkou nebo igelitem a nechte na teplém místě bez průvanu kynout asi 1 hodinu nebo dokud nezdvojnásobí svůj objem.
g) Předehřejte troubu na 450 °F (230 °C). Během předehřívání vložte do trouby pečicí kámen nebo obrácený plech. Pokud máte kámen na pizzu, funguje to skvěle na pečení ciabatty.
h) Těsto protlačíme a rozdělíme na dvě stejné části.
i) Každou část vyválejte do dlouhého tenkého tvaru ciabatty. Rukama můžete těsto vytvarovat nebo vyválet na pomoučené ploše a poté přenést na plech nebo slupku na pizzu posypanou kukuřičnou nebo krupicovou moukou.
j) Vytvarované ciabatty přikryjte čistou utěrkou a nechte je znovu kynout asi 20-30 minut.
k) Pomocí ostrého nože nebo žiletky udělejte šikmé řezy přes vrcholy ciabatty. To jim pomáhá rozšířit a rozvíjet klasický vzhled ciabatty.

l) Ciabattu opatrně přendejte do předehřáté trouby, buď přímo na pečicí kámen, nebo na rozpálený plech. Buďte opatrní při otevírání trouby; je horko!
m) Pečte asi 25–30 minut, nebo dokud není ciabatta zlatavě hnědá a po poklepání na dno zní dutě.
n) Před krájením a podáváním nechte ciabattu vychladnout na mřížce.
o) Vychutnejte si domácí rozmarýnovou celozrnnou Ciabattu s nádhernou vůní a chutí rozmarýnu!

OŘECHOVÁ CIABATTA

24. Ciabatta s ořechy a rozinkami

SLOŽENÍ:
- 1 balení Droždí
- 1½ lžíce medu
- 1¼ šálku teplé vody
- 1½ šálku chlebové mouky
- 1½ šálku celozrnné mouky
- 1 lžička soli
- ¾ šálku půlek vlašských ořechů nebo pistácií
- ¾ šálku rybízu
- ¼ šálku zlatých rozinek
- Máslo; pro obalovací misku
- 1 vejce; tlučený, na polevu

INSTRUKCE:

a) Droždí a med rozpusťte ve ¼ šálku teplé vody a nechte asi 10 minut stát do zpěnění.

b) V kuchyňském robotu vybaveném plastovou čepelí na těsto smíchejte mouku a sůl. Zpracujte asi 30 sekund. Přidejte vlašské ořechy a zpracujte dalších 15 sekund. Při běžícím stroji nalijte kvasnicovou směs skrz plnicí trubici.

c) Při běžícím stroji pomalu přidávejte 1 šálek vody přes plnicí trubici.

d) Zpracovávejte, dokud těsto nevyčistí stěny mísy a nebude suché, asi 1 minutu navíc. Vyklopíme na lehce pomoučněnou desku a asi 5 minut vmícháme rybíz a rozinky.

e) Velkou mísu potřete máslem. Těsto přendáme do mísy a otočíme, aby se vršek potřel máslem. Zakryjte plastovým obalem a utěrkou a nechte na teplém místě kynout, dokud těsto nezdvojnásobí objem, asi 1 až 1-½ hodiny.

f) Těsto vyklopíme na lehce pomoučenou desku. Promáčkněte, abyste odstranili vzduchové bubliny, a těsto rozdělte na dvě stejné části. Každou část rozválejte na plát 6 x 15 palců. Plátky srolujte do dlouhých válců, sevřete okraje, aby se uzavřely. Válce přemístěte švem dolů na máslem vymazaný plech nebo dvě pánve na ciabattu. Zakryjte plastovým obalem a utěrkou a nechte kynout, dokud se těsto téměř nezdvojnásobí, asi 45 minut.

g) Předehřejte troubu na 425.

h) Bochníky potřeme rozšlehaným vejcem a každý několikrát po diagonále naříznemе ostrým nožem.

i) Pečte 30 až 40 minut, dokud bochníky dobře nezhnědnou.

25.Ciabatta s mandlovým mákem

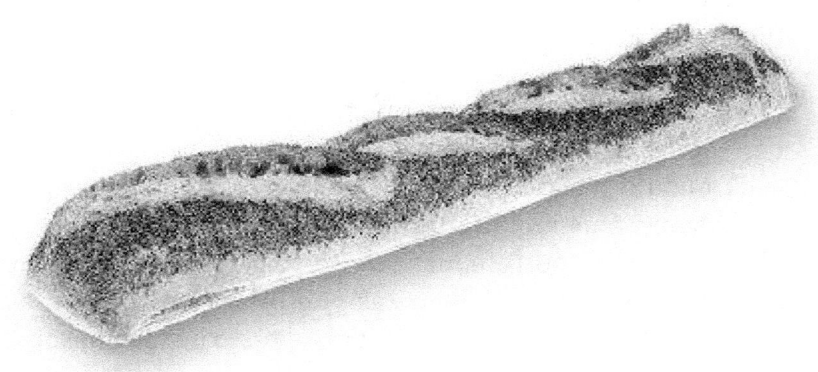

SLOŽENÍ:
- 1 1/2 šálku teplé vody (110 °F nebo 45 °C)
- 2 1/4 lžičky aktivního sušeného droždí (1 balíček)
- 1/4 šálku cukru
- 3 1/2 hrnku celozrnné mouky
- 1 1/2 lžičky soli
- 1/4 šálku mandlové moučky (jemně mleté mandle)
- 2 lžíce máku
- 1/4 šálku rostlinného oleje
- 1 lžička mandlového extraktu
- 1/2 šálku nakrájených mandlí (na polevu)
- kukuřičná mouka nebo krupice (na posypání)

INSTRUKCE:
a) V malé misce smíchejte teplou vodu, droždí a cukr. Nechte uležet asi 5-10 minut, dokud směs nezpění.
b) Ve velké míse smíchejte celozrnnou mouku, mandlovou mouku, mák a sůl.
c) Uprostřed moučné směsi udělejte důlek.
d) Do prohlubně v mouce nalijte kvasnicovou směs, rostlinný olej a mandlový extrakt.
e) Ingredience míchejte dohromady, dokud nevznikne těsto.
f) Těsto hněteme na pomoučené ploše asi 8-10 minut, dokud nebude hladké a pružné. Pokud je těsto příliš lepivé, můžete přidat ještě trochu mouky.
g) Těsto dejte do lehce olejem vymazané mísy, přikryjte čistou utěrkou nebo igelitem a nechte na teplém místě bez průvanu kynout asi 1 hodinu nebo dokud nezdvojnásobí svůj objem.
h) Předehřejte troubu na 375 °F (190 °C). Vložte plech na pečení do trouby, když se předehřívá.
i) Vytlačte těsto a vytvarujte z něj dlouhý tenký tvar ciabatty. Těsto můžete tvarovat rukama nebo rozválet na pomoučené ploše.
j) Horký plech poprášíme kukuřičnou nebo krupicovou moukou a poté na plech přeneseme ciabattu.
k) Na ciabattu posypte plátky mandlí a jemně je zatlačte do těsta.

l) Ostrým nožem nebo žiletkou udělejte na vrchu ciabatty několik mělkých zářezů na ozdobu.
m) Pečte asi 25–30 minut, nebo dokud není ciabatta pevná a po poklepání na dno zní dutě.
n) Před krájením a podáváním nechte ciabattu vychladnout na mřížce.
o) Vychutnejte si lahodnou celozrnnou Ciabattu s mandlovým mákem, naplněnou oříškovou dobrotou mandlí a jemnou chutí máku!

26.Macadamia Ciabatta z brusinek

SLOŽENÍ:
- 1 1/2 šálku teplé vody (110 °F nebo 45 °C)
- 2 1/4 lžičky aktivního sušeného droždí (1 balíček)
- 1 lžička cukru
- 3 1/2 hrnku celozrnné mouky
- 1 1/2 lžičky soli
- 1/2 šálku sušených brusinek
- 1/2 šálku nasekaných makadam
- 1 lžíce olivového oleje
- kukuřičná mouka nebo krupice (na posypání)

INSTRUKCE:

a) V malé misce smíchejte teplou vodu, droždí a cukr. Nechte uležet asi 5-10 minut, dokud směs nezpění.
b) Ve velké míse smíchejte celozrnnou mouku a sůl. Uprostřed moučné směsi udělejte důlek.
c) Do důlku v mouce nalijte směs droždí a olivový olej.
d) Ingredience míchejte dohromady, dokud nevznikne těsto.
e) Těsto hněteme na pomoučené ploše asi 8-10 minut, dokud nebude hladké a pružné. Pokud je těsto příliš lepivé, můžete přidat ještě trochu mouky.
f) Těsto dejte do lehce olejem vymazané mísy, přikryjte čistou utěrkou nebo igelitem a nechte na teplém místě bez průvanu kynout asi 1 hodinu nebo dokud nezdvojnásobí svůj objem.
g) Předehřejte troubu na 450 °F (230 °C). Během předehřívání vložte do trouby pečicí kámen nebo obrácený plech. Pokud máte kámen na pizzu, funguje to skvěle na pečení ciabatty.
h) Těsto protlačíme a rozdělíme na dvě stejné části.
i) Každou část vyválejte do dlouhého tenkého tvaru ciabatty. Rukama můžete těsto vytvarovat nebo vyválet na pomoučené ploše a poté přenést na plech nebo slupku na pizzu posypanou kukuřičnou nebo krupicovou moukou.
j) Vršek každé ciabatty rovnoměrně posypeme sušenými brusinkami a nasekanými ořechy a jemně je vtlačíme do těsta.
k) Vytvarované ciabatty přikryjte čistou utěrkou a nechte je znovu kynout asi 20-30 minut.
l) Pomocí ostrého nože nebo žiletky udělejte šikmé řezy přes vrcholy ciabatty. To jim pomáhá rozšířit a rozvíjet klasický vzhled ciabatty.
m) Ciabattu opatrně přendejte do předehřáté trouby, buď přímo na pečicí kámen, nebo na rozpálený plech. Buďte opatrní při otevírání trouby; je horko!
n) Pečte asi 25–30 minut, nebo dokud není ciabatta zlatavě hnědá a po poklepání na dno zní dutě.
o) Před krájením a podáváním nechte ciabattu vychladnout na mřížce.

27. Rybízovo-ořechová ciabatta

SLOŽENÍ:
- 1 balení Droždí
- 1½ lžíce medu
- 1¼ šálku teplé vody
- 1½ šálku chlebové mouky
- 1½ šálku celozrnné mouky
- 1 lžička soli
- ¾ šálku půlek vlašských ořechů nebo pistácií
- ¾ šálku rybízu
- ¼ šálku zlatých rozinek
- Máslo; pro obalovací misku
- 1 vejce; tlučený, na polevu

INSTRUKCE:
j)   Droždí a med rozpusťte ve ¼ šálku teplé vody a nechte asi 10 minut stát do zpěnění.
k)   V kuchyňském robotu vybaveném plastovou čepelí na těsto smíchejte mouku a sůl. Zpracujte asi 30 sekund. Přidejte vlašské ořechy a zpracujte dalších 15 sekund. Při běžícím stroji nalijte kvasnicovou směs skrz plnicí trubici.
l)   Při běžícím stroji pomalu přidávejte 1 šálek vody přes plnicí trubici.
m) Zpracovávejte, dokud těsto nevyčistí stěny mísy a nebude suché, asi 1 minutu navíc. Vyklopíme na lehce pomoučněnou desku a asi 5 minut vmícháme rybíz a rozinky.
n) Velkou mísu potřete máslem. Těsto přendáme do mísy a otočíme, aby se vršek potřel máslem. Zakryjte plastovým obalem a utěrkou a nechte na teplém místě kynout, dokud těsto nezdvojnásobí objem, asi 1 až 1-½ hodiny.
o) Těsto vyklopíme na lehce pomoučenou desku. Promáčkněte, abyste odstranili vzduchové bubliny, a těsto rozdělte na dvě stejné části. Každou část rozválejte na plát 6 x 15 palců. Plátky srolujte do dlouhých válců, sevřete okraje, aby se uzavřely. Válce přemístěte švem dolů na máslem vymazaný plech nebo dvě

pánve na ciabattu. Zakryjte plastovým obalem a utěrkou a nechte kynout, dokud se těsto téměř nezdvojnásobí, asi 45 minut.

p) Předehřejte troubu na 425.

q) Bochníky potřeme rozšlehaným vejcem a každý několikrát po diagonále naříznene ostrým nožem.

r) Pečte 30 až 40 minut, dokud bochníky dobře nezhnědnou.

KOŘENĚNÁ CIABATTA

28. Medové koření kamutový chléb

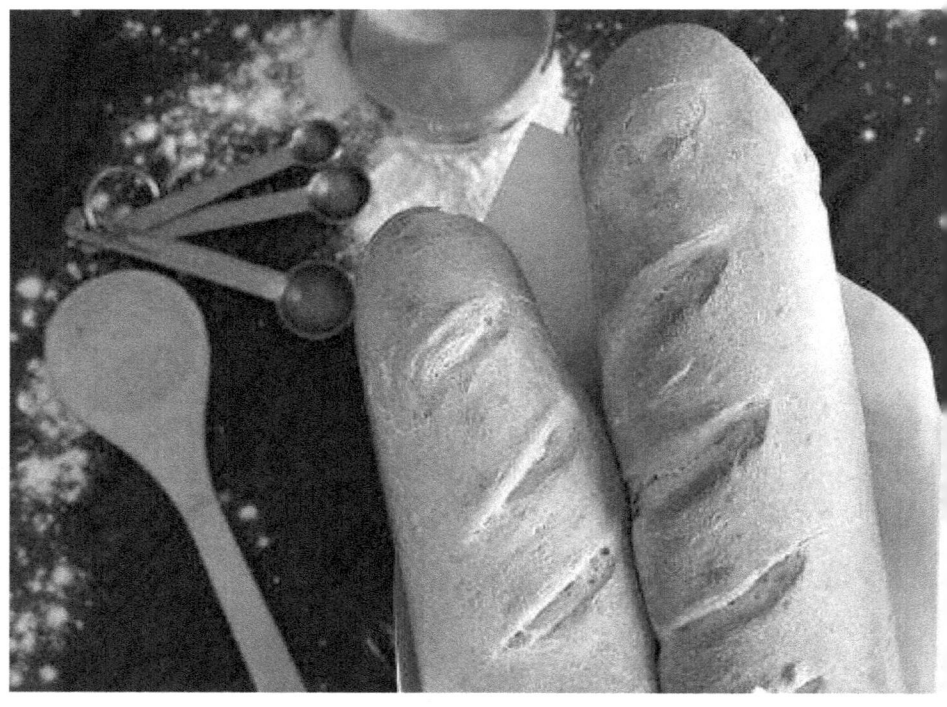

SLOŽENÍ:
- ½ šálku teplé vody
- 2 balení Suché aktivní droždí
- 1½ šálku teplého sójového mléka
- 2 lžíce řepkového oleje
- ½ šálku medu
- 1 velké vejce nebo ekvivalentní veganská náhražka vajec
- 3 hrnky kamutové mouky
- 1 lžička skořice
- 1 lžička muškátového oříšku
- ½ lžičky soli
- 3 hrnky špaldové mouky
- Sprej nebo olej na vaření

INSTRUKCE:

a) V malé misce smíchejte vodu a droždí. Přikryjte a nechte 7 až 10 minut stát.

b) Ve střední míse smíchejte sójové mléko, olej, med a vejce. Dát stranou.

c) Ve velké míse smíchejte kamurovou mouku, skořici, muškátový oříšek a sůl. Smíchejte směs mléka a droždí a důkladně promíchejte. Postupně vmícháme špaldovou mouku.

d) Těsto vyklopte na lehce pomoučněnou plochu a hněťte 4 až 5 minut, nebo dokud těsto není mírně pružné.

e) Těsto přikryjte utěrkou a nechte 1 až 2 hodiny kynout, nebo dokud nezdvojnásobí svůj objem.

f) Velký plech na pečení lehce postříkejte nebo potřete olejem. Udělejte těsto a rozdělte na polovinu. Z každé poloviny vytvarujte podlouhlý bochník a položte ho na plech, asi tři palce od sebe. Přikryjte utěrkou a nechte kynout 1 až 2 hodiny, nebo dokud nezdvojnásobí svůj objem.

g) Předehřejte troubu na 350 F. Chleby pečte asi 45 minut, nebo dokud po poklepání nezní dutě. Nechte 10 minut vychladnout, poté bochníky přeneste na mřížku a před krájením zcela vychladněte.

29.Ciabatta s rozinkou a skořicí

SLOŽENÍ:
- 1 1/2 šálku teplé vody (110 °F nebo 45 °C)
- 2 1/4 lžičky aktivního sušeného droždí (1 balíček)
- 1/4 šálku cukru
- 3 1/2 hrnku celozrnné mouky
- 1 1/2 lžičky soli
- 1/2 šálku rozinek
- 2 lžičky mleté skořice
- 1 lžíce olivového oleje
- kukuřičná mouka nebo krupice (na posypání)

INSTRUKCE:
a) V malé misce smíchejte teplou vodu, droždí a cukr. Nechte uležet asi 5-10 minut, dokud směs nezpění.
b) Ve velké míse smíchejte celozrnnou mouku, sůl a mletou skořici. Uprostřed moučné směsi udělejte důlek.
c) Do důlku v mouce nalijte směs droždí a olivový olej.
d) Ingredience míchejte dohromady, dokud nevznikne těsto.
e) Těsto hněteme na pomoučené ploše asi 8-10 minut, dokud nebude hladké a pružné. Pokud je těsto příliš lepivé, můžete přidat ještě trochu mouky.
f) Těsto dejte do lehce olejem vymazané mísy, přikryjte čistou utěrkou nebo igelitem a nechte na teplém místě bez průvanu kynout asi 1 hodinu nebo dokud nezdvojnásobí svůj objem.
g) Předehřejte troubu na 450 °F (230 °C). Během předehřívání vložte do trouby pečicí kámen nebo obrácený plech. Pokud máte kámen na pizzu, funguje to skvěle na pečení ciabatty.
h) Těsto protlačíme a rozdělíme na dvě stejné části.
i) Každou část vyválejte do dlouhého tenkého tvaru ciabatty. Rukama můžete těsto vytvarovat nebo vyválet na pomoučené ploše a poté přenést na plech nebo slupku na pizzu posypanou kukuřičnou nebo krupicovou moukou.
j) Vršek každé ciabatty rovnoměrně posypte rozinkami a jemně je zatlačte do těsta.
k) Vytvarované ciabatty přikryjte čistou utěrkou a nechte je znovu kynout asi 20-30 minut.

l) Pomocí ostrého nože nebo žiletky udělejte šikmé řezy přes vrcholy ciabatty. To jim pomáhá rozšířit a rozvíjet klasický vzhled ciabatty.
m) Ciabattu opatrně přendejte do předehřáté trouby, buď přímo na pečicí kámen, nebo na rozpálený plech. Buďte opatrní při otevírání trouby; je horko!
n) Pečte asi 25–30 minut, nebo dokud není ciabatta zlatavě hnědá a po poklepání na dno zní dutě.
o) Před krájením a podáváním nechte ciabattu vychladnout na mřížce.

30.Chilli vločky a papriková Ciabatta

SLOŽENÍ:
- 500 g silné bílé chlebové mouky
- 10 g soli
- 7 g instantního droždí
- 350 ml vlažné vody
- 2 lžíce olivového oleje
- 1 lžíce chilli vloček
- 1 lžička uzené papriky

INSTRUKCE:
a) V misce smíchejte mouku, sůl a droždí. Přidejte vodu a olivový olej, poté hněteme do hladka.
b) Přikryjte a nechte kynout, dokud nezdvojnásobí svůj objem.
c) Předehřejte troubu na 220 °C (425 °F).
d) Vytlačte těsto a vytvarujte bochník ciabatty.
e) Položte na plech, přikryjte a nechte znovu kynout.
f) Chilli vločky a uzenou papriku smícháme s trochou olivového oleje. Směs rozetřete na vrch ciabatty.
g) Pečte 25-30 minut dozlatova. Před krájením vychlaďte na mřížce.

31.Kurkuma a kmín Ciabatta

SLOŽENÍ:
- 500 g silné bílé chlebové mouky
- 10 g soli
- 7 g instantního droždí
- 350 ml vlažné vody
- 2 lžíce olivového oleje
- 1 lžička mleté kurkumy
- 1 lžička mletého kmínu

INSTRUKCE:
a) V míse smícháme mouku, sůl a droždí. Přidejte vodu a olivový olej, poté hněteme do hladka.
b) Přikryjte a nechte kynout, dokud nezdvojnásobí svůj objem.
c) Předehřejte troubu na 220 °C (425 °F).
d) Vytlačte těsto a vytvarujte bochník ciabatty.
e) Položte na plech, přikryjte a nechte znovu kynout.
f) Smíchejte kurkumu a kmín na pastu s trochou vody. Pastu rozetřete na vrch ciabatty.
g) Pečte 25-30 minut dozlatova. Před krájením nechte vychladnout.

ČOKOLÁDOVÁ CIABATTA

32.Čokoládová oříšková Ciabatta

SLOŽENÍ:
- 1 várka základního těsta na ciabattu
- 1/2 šálku lískových ořechů, nasekaných
- 1/2 šálku hořké čokolády
- 1/4 šálku kakaového prášku

INSTRUKCE:
a) Základní těsto na ciabattu připravte podle svého oblíbeného receptu.
b) Po prvním kynutí těsto protlačte a vmíchejte nasekané lískové oříšky a kousky hořké čokolády, dokud nebudou rovnoměrně rozděleny.
c) Z těsta vytvarujte bochník ciabatty a dejte na plech vyložený pečicím papírem.
d) Bochník přikryjeme čistou kuchyňskou utěrkou a necháme ještě 30-45 minut kynout.
e) Předehřejte troubu na 400 °F (200 °C).
f) Před pečením posypeme vršek bochníku kakaovým práškem.
g) Pečte 20–25 minut, nebo dokud není bochník zlatavě hnědý a po poklepání na dno zní dutě.
h) Před krájením a podáváním necháme vychladnout.

33. Čokoládově pomerančová Ciabatta

SLOŽENÍ:
- 1 várka základního těsta na ciabattu
- Kůra z 1 pomeranče
- 1/2 šálku kousků tmavé čokolády
- 1/4 šálku krystalového cukru

INSTRUKCE:
a) Základní těsto na ciabattu připravte podle svého oblíbeného receptu.
b) Po prvním kynutí těsto vyklepejte a vmíchejte do něj pomerančovou kůru, kousky hořké čokolády a krystalový cukr, dokud se rovnoměrně nerozdělí.
c) Z těsta vytvarujte bochník ciabatty a dejte na plech vyložený pečicím papírem.
d) Bochník přikryjeme čistou kuchyňskou utěrkou a necháme ještě 30-45 minut kynout.
e) Předehřejte troubu na 400 °F (200 °C).
f) Pečte 20–25 minut, nebo dokud není bochník zlatavě hnědý a po poklepání na dno zní dutě.
g) Před krájením a podáváním necháme mírně vychladnout.

34.Dvojitá čokoládová Ciabatta

SLOŽENÍ:
- 1 várka základního těsta na ciabattu
- 1/2 šálku hořké čokolády
- 1/2 šálku bílých čokoládových lupínků
- 2 lžíce neslazeného kakaového prášku

INSTRUKCE:
a) Základní těsto na ciabattu připravte podle svého oblíbeného receptu.
b) Po prvním kynutí těsto protlačte a vmíchejte kousky hořké čokolády, kousky bílé čokolády a neslazený kakaový prášek, dokud se rovnoměrně nerozdělí.
c) Z těsta vytvarujte bochník ciabatty a dejte na plech vyložený pečicím papírem.
d) Bochník přikryjeme čistou kuchyňskou utěrkou a necháme ještě 30-45 minut kynout.
e) Předehřejte troubu na 400 °F (200 °C).
f) Pečte 20–25 minut, nebo dokud není bochník zlatavě hnědý a po poklepání na dno zní dutě.
g) Před krájením a podáváním necháme vychladnout.

35.Čokoládová třešeň mandlová Ciabatta

SLOŽENÍ:
- 1 várka základního těsta na ciabattu
- 1/2 šálku kousků tmavé čokolády
- 1/2 šálku sušených třešní, nakrájených
- 1/4 šálku nakrájených mandlí

INSTRUKCE:
a) Základní těsto na ciabattu připravte podle svého oblíbeného receptu.
b) Po prvním kynutí těsto vyklepejte a vmíchejte kousky hořké čokolády, sušené třešně a plátky mandlí, dokud se rovnoměrně nerozdělí.
c) Z těsta vytvarujte bochník ciabatty a dejte na plech vyložený pečicím papírem.
d) Bochník přikryjeme čistou kuchyňskou utěrkou a necháme ještě 30-45 minut kynout.
e) Předehřejte troubu na 400 °F (200 °C).
f) Pečte 20–25 minut, nebo dokud není bochník zlatavě hnědý a po poklepání na dno zní dutě.
g) Před krájením a podáváním nechte vychladnout.

36.Čokoládové arašídové máslo Swirl Ciabatta

SLOŽENÍ:
- 1 várka základního těsta na ciabattu
- 1/2 šálku hořké čokolády
- 1/4 šálku krémového arašídového másla

INSTRUKCE:
a) Základní těsto na ciabattu připravte podle svého oblíbeného receptu.
b) Po prvním vykynutí těsto protlačte a jemně vmíchejte kousky hořké čokolády.
c) Těsto rozdělíme na poloviny a každou část rozválíme na obdélník.
d) Arašídové máslo rovnoměrně rozprostřete na jeden obdélník těsta a kolem okrajů nechte malý okraj.
e) Navrch položte druhý obdélník těsta a okraje přitiskněte, aby se uzavřel.
f) Těsto opatrně srolujte do tvaru polena.
g) Těsto přendáme na plech vyložený pečicím papírem.
h) Bochník přikryjeme čistou kuchyňskou utěrkou a necháme ještě 30-45 minut kynout.
i) Předehřejte troubu na 400 °F (200 °C).
j) Pečte 20–25 minut, nebo dokud není bochník zlatavě hnědý a po poklepání na dno zní dutě.
k) Před krájením a podáváním nechte vychladnout.

37.Čokoládová kokosová Ciabatta

SLOŽENÍ:
- 1 várka základního těsta na ciabattu
- 1/2 šálku hořké čokolády
- 1/2 hrnku strouhaného kokosu

INSTRUKCE:
a) Základní těsto na ciabattu připravte podle svého oblíbeného receptu.
b) Po prvním vykynutí těsto protlačte a jemně vmíchejte kousky hořké čokolády a strouhaný kokos.
c) Z těsta vytvarujte bochník ciabatty a dejte na plech vyložený pečicím papírem.
d) Bochník přikryjeme čistou kuchyňskou utěrkou a necháme ještě 30-45 minut kynout.
e) Předehřejte troubu na 400 °F (200 °C).
f) Pečte 20–25 minut, nebo dokud není bochník zlatavě hnědý a po poklepání na dno zní dutě.
g) Před krájením a podáváním necháme vychladnout.

38.Čokoládová malinová Ciabatta

SLOŽENÍ:
- 1 várka základního těsta na ciabattu
- 1/2 šálku hořké čokolády
- 1/2 šálku čerstvých malin

INSTRUKCE:
a) Základní těsto na ciabattu připravte podle svého oblíbeného receptu.
b) Po prvním vykynutí těsto protlačte a jemně vmíchejte kousky hořké čokolády a čerstvé maliny.
c) Z těsta vytvarujte bochník ciabatty a dejte na plech vyložený pečicím papírem.
d) Bochník přikryjeme čistou kuchyňskou utěrkou a necháme ještě 30-45 minut kynout.
e) Předehřejte troubu na 400 °F (200 °C).
f) Pečte 20–25 minut, nebo dokud není bochník zlatavě hnědý a po poklepání na dno zní dutě.
g) Před krájením a podáváním nechte vychladnout.

39.Celozrnná Ciabatta s čokoládou

SLOŽENÍ:
- 1 1/2 šálku teplé vody (110 °F nebo 45 °C)
- 2 1/4 lžičky aktivního sušeného droždí (1 balíček)
- 1/4 šálku cukru
- 3 1/2 hrnku celozrnné mouky
- 1 1/2 lžičky soli
- 1/4 šálku neslazeného kakaového prášku
- 1/2 šálku čokoládových lupínků (polosladké nebo tmavé)
- 1/4 šálku rostlinného oleje
- 1 lžička vanilkového extraktu
- kukuřičná mouka nebo krupice (na posypání)

INSTRUKCE:
a) V malé misce smíchejte teplou vodu, droždí a cukr. Nechte uležet asi 5-10 minut, dokud směs nezpění.
b) Ve velké míse smíchejte celozrnnou mouku, kakaový prášek a sůl.
c) Uprostřed moučné směsi udělejte důlek.
d) Do prohlubně v mouce nalijte směs droždí, rostlinný olej a vanilkový extrakt.
e) Ingredience míchejte dohromady, dokud nevznikne těsto.
f) Těsto hněteme na pomoučené ploše asi 8-10 minut, dokud nebude hladké a pružné. Pokud je těsto příliš lepivé, můžete přidat ještě trochu mouky.
g) Těsto dejte do lehce olejem vymazané mísy, přikryjte čistou utěrkou nebo plastovou fólií a nechte na teplém místě bez průvanu kynout asi 1 hodinu nebo dokud nezdvojnásobí svůj objem.
h) Předehřejte troubu na 375 °F (190 °C). Vložte plech na pečení do trouby, když se předehřívá.
i) Vytlačte těsto a přidejte čokoládové lupínky. Uhněteme těsto, aby se čokoládové lupínky rovnoměrně rozložily.
j) Těsto vyválejte do dlouhého tenkého tvaru ciabatty. Těsto můžete tvarovat rukama nebo rozválet na pomoučené ploše.
k) Horký plech poprášíme kukuřičnou nebo krupicovou moukou a poté na plech přeneseme ciabattu.
l) Ostrým nožem nebo žiletkou udělejte na vrchu ciabatty několik mělkých zářezů na ozdobu.

m) Pečte asi 25–30 minut, nebo dokud není ciabatta pevná a po poklepání na dno zní dutě.
n) Před krájením a podáváním nechte ciabattu vychladnout na mřížce.
o) Vychutnejte si svou jedinečnou a sladkou celozrnnou Ciabattu s čokoládou! Je to nádherná kombinace chleba a čokolády, ideální pro ty, kdo mají chuť na sladké.

CIABATTA S KOFEINEM

40. Espresso Ciabatta

SLOŽENÍ:
- 1 várka základního těsta na ciabattu
- 2 lžíce jemně mletého espressa nebo silné kávy
- 1/4 šálku kousků tmavé čokolády (volitelně, pro větší chuť)

INSTRUKCE:
a) Základní těsto na ciabattu připravte podle svého oblíbeného receptu.
b) Po prvním kynutí těsto protlačte a vmíchejte jemně mleté espresso nebo silnou kávu, dokud se rovnoměrně nerozdělí.
c) Pokud chcete, vmíchejte kousky hořké čokolády pro větší chuť.
d) Z těsta vytvarujte bochník ciabatty a dejte na plech vyložený pečicím papírem.
e) Bochník přikryjeme čistou kuchyňskou utěrkou a necháme ještě 30-45 minut kynout.
f) Předehřejte troubu na 400 °F (200 °C).
g) Pečte 20–25 minut, nebo dokud není bochník zlatavě hnědý a po poklepání na dno zní dutě.
h) Před krájením a podáváním necháme vychladnout.

41. Zelený čaj Matcha Ciabatta

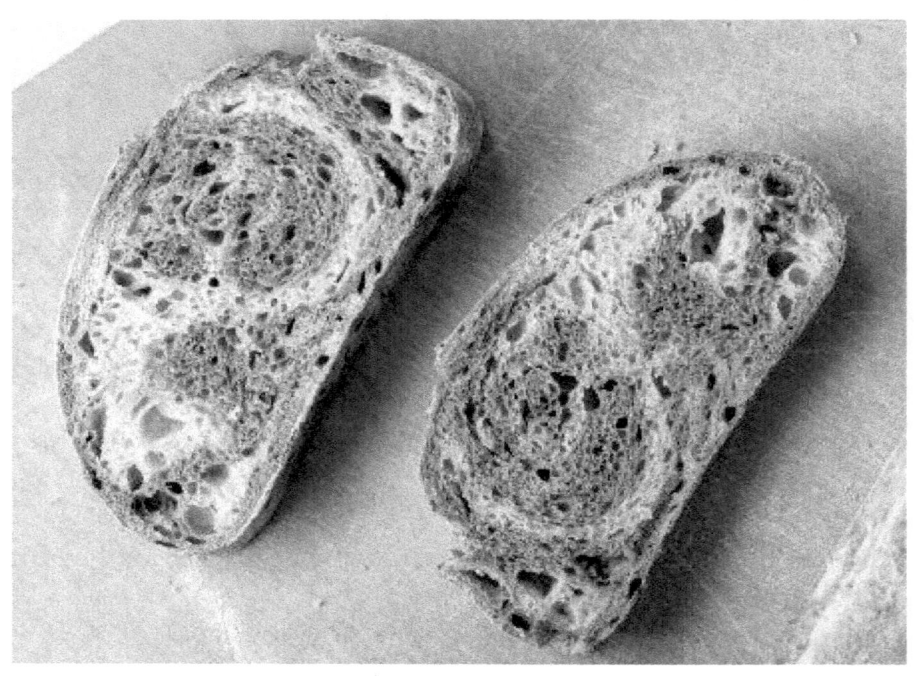

SLOŽENÍ:
- 1 várka základního těsta na ciabattu
- 2 lžíce prášku ze zeleného čaje matcha

INSTRUKCE:
a) Základní těsto na ciabattu připravte podle svého oblíbeného receptu.
b) Po prvním kynutí těsto promáčkněte a vmíchejte do něj prášek ze zeleného čaje matcha, dokud se rovnoměrně nerozdělí.
c) Z těsta vytvarujte bochník ciabatty a dejte na plech vyložený pečicím papírem.
d) Bochník přikryjeme čistou kuchyňskou utěrkou a necháme ještě 30-45 minut kynout.
e) Předehřejte troubu na 400 °F (200 °C).
f) Pečte 20–25 minut, nebo dokud není bochník zlatavě hnědý a po poklepání na dno zní dutě.
g) Před krájením a podáváním necháme vychladnout.

42.Chai kořeněná Ciabatta

SLOŽENÍ:
- 1 várka základního těsta na ciabattu
- 2 lžičky směsi koření chai (skořice, kardamom, hřebíček, zázvor, muškátový oříšek)

INSTRUKCE:
a) Základní těsto na ciabattu připravte podle svého oblíbeného receptu.
b) Po prvním kynutí těsto protlačte a vmíchejte směs koření chai, dokud nebude rovnoměrně rozdělena.
c) Z těsta vytvarujte bochník ciabatty a dejte na plech vyložený pečicím papírem.
d) Bochník přikryjeme čistou kuchyňskou utěrkou a necháme ještě 30-45 minut kynout.
e) Předehřejte troubu na 400 °F (200 °C).
f) Pečte 20–25 minut, nebo dokud není bochník zlatavě hnědý a po poklepání na dno zní dutě.
g) Před krájením a podáváním necháme vychladnout.

43. Mocha Chip Ciabatta

SLOŽENÍ:
- 1 várka základního těsta na ciabattu
- 2 lžíce instantní kávy v prášku
- 1/2 šálku čokoládových lupínků

INSTRUKCE:
a) Základní těsto na ciabattu připravte podle svého oblíbeného receptu.
b) Po prvním kynutí těsto protlačte a vmíchejte instantní kávový prášek, dokud se rovnoměrně nerozdělí.
c) Vmíchejte čokoládové lupínky, dokud se rovnoměrně nerozdělí.
d) Z těsta vytvarujte bochník ciabatty a dejte na plech vyložený pečicím papírem.
e) Bochník přikryjeme čistou kuchyňskou utěrkou a necháme ještě 30-45 minut kynout.
f) Předehřejte troubu na 400 °F (200 °C).
g) Pečte 20–25 minut, nebo dokud není bochník zlatavě hnědý a po poklepání na dno zní dutě.
h) Před krájením a podáváním necháme vychladnout.

VEGGIE CIABATTA

44. Ciabatta z černé olivy

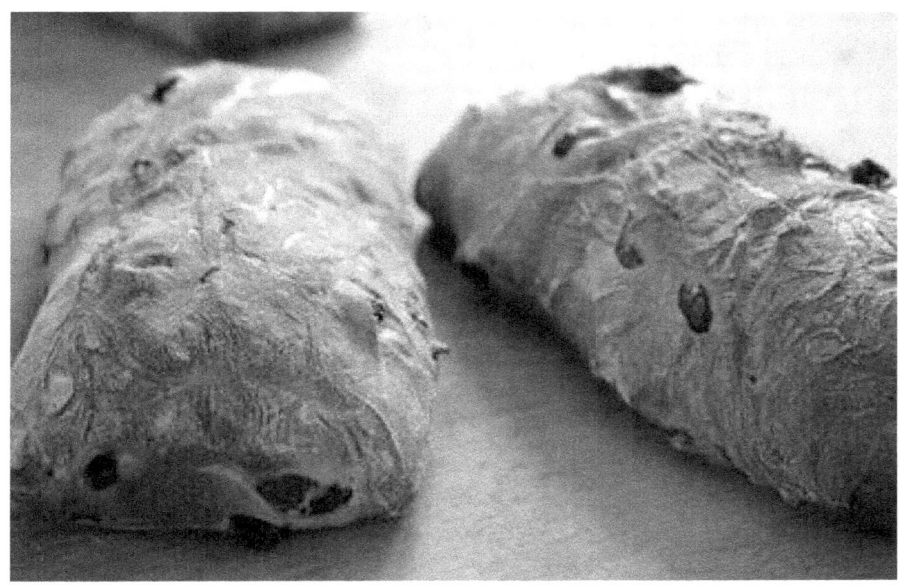

SLOŽENÍ:
PRO ZAČÁTEK (VELKÁ)
- 1 lžička rychle působící sušené droždí
- 100 g silné bílé mouky

NA TĚSTO
- 400 g silné bílé chlebové mouky plus extra na prach
- 1 1/4 lžičky. rychle působící sušené droždí
- 1 polévková lžíce. extra panenský olivový olej
- 150 g černých vypeckovaných oliv, nasekaných, my jsme použili kalamatu, viz GH Tip

INSTRUKCE:

a) Večer předtím, než budete chtít upéct ciabattu, připravte předkrm. V misce volně stojícího mixéru smíchejte droždí a 80 ml vlažné vody. Nechte 5 minut, dokud nezpění. Vmícháme mouku, aby vzniklo vláčné těsto. Zakryjte čistou utěrkou nebo potravinářskou fólií a nechte na teplém místě odpočívat alespoň 4 hodiny, ideálně přes noc.

b) Na těsto přidejte do mísy zbylou mouku, kvásek navíc, olej a 300 ml vlažné vody. Hnětacím hákem míchejte při nízké rychlosti po dobu 5 minut, aby vzniklo měkké, vlhké těsto. Přidejte 1 lžičku jemné soli a olivy, míchejte dalších 5 minut, dokud nebudou hladké a pružné.

c) Zakryjte čistou utěrkou nebo potravinářskou fólií a nechte znovu kynout 1 hodinu, nebo dokud nezdvojnásobí svůj objem.

d) Když je vaše kynuté těsto hotové, namočte si ruce, pak vezměte jednu stranu těsta do mísy, natáhněte ji a přeložte přes sebe. Otočte misku o 90 stupňů a opakujte ještě 7x. Znovu přikryjte a nechte odpočívat a kynout 45 minut, poté zopakujte 8 protažení a přeložení ještě jednou, následuje 45 minut odpočinku a kynutí.

e) Velký plech vyložte pečicím papírem. Pergamen bohatě poprašte moukou, aby se těsto nelepilo a špatně se s ním manipulovalo. Těsto jemně vyklopte na pergamen. Vršek těsta poprášíme moukou.

f) Těsto rozdělte na 3 hrubé obdélníky pomocí škrabky na těsto, dlouhého paletového nože nebo dokonce okrajem plechu – bochníky oddělujte co nejlépe. Přikryjeme čistou utěrkou a necháme opět 30 minut kynout.

g) Předehřejte troubu na 220°C (200°C horkovzdušná) značka plynu 7. Naplňte malý pekáč vodou a položte na spodní rošt trouby, aby se vytvořila pára.

h) Ciabattu pečte na plechu po dobu 30 minut, nebo do zlatohnědé a duté, když poklepete na základnu.

i) Před podáváním zcela vychladněte na mřížce.

45.Zeleninová ciabatta

SLOŽENÍ:
- 1 žlutá tykev 6-8 palců
- 1 cuketa 6-8 palců
- 1 červená paprika
- 2 plátky Fialová cibule, ¼ palce silná
- 2 lžičky olivového oleje nebo olivového oleje ve spreji (až 3)
- 1 čerstvá ciabatta o velikosti 12 palců nebo polovina plné velikosti
- 2 lžíce částečně odtučněné mozzarelly
- Bazalka, čerstvá nebo sušená, volitelně

INSTRUKCE:
a) Obě dýně podélně rozkrojte, asi ¼ palce silné. Papriku nakrájejte na polovinu a odstraňte semínka. Na velký plech na sušenky položte plátky tykve a cibule a papriky kůží nahoru. Všechny kromě paprik lehce potřete olivovým olejem nebo použijte olivový olej ve spreji a vložte pod brojlery.
b) Zeleninu nechte, dokud papriky nezuhelnají - papriky odstraňte a vložte do papírového sáčku nebo těžkého plastového sáčku a sáček uzavřete, aby se papriky v páře.
c) Zbytek zeleniny otočte, podle potřeby přestříkejte nebo potřete kartáčem a opékejte další asi 2 minuty, dokud zelenina nezměkne, ale neuvaří se k nepoznání.
d) Mezitím nakrájejte ciabattu na poloviny a každou polovinu podélně rozkrojte.
e) Na spodní polovinu položte jednu lžíci sýra. Horní polovinu potřete lžičkou majonézy a podle potřeby posypte bazalkou. Když jsou papriky v páře 5 minut, vyjměte je ze sáčku a odstraňte kůži. Ještě jednou rozřízněte poloviny, abyste vytvořili čtvrtiny.
f) Na každý sendvič na sýr navrstvěte zeleninu.

46.Ciabatta z celozrnných sušených rajčat

SLOŽENÍ:
- 1 1/2 šálku teplé vody (110 °F nebo 45 °C)
- 2 1/4 lžičky aktivního sušeného droždí (1 balíček)
- 1 lžička cukru
- 3 1/2 hrnku celozrnné mouky
- 1 1/2 lžičky soli
- 1 lžíce olivového oleje
- 1/2 šálku sušených rajčat, jemně nasekaných
- 1/4 šálku čerstvých bazalkových listů, nasekaných
- kukuřičná mouka nebo krupice (na posypání)

INSTRUKCE:
a) V malé misce smíchejte teplou vodu, droždí a cukr. Nechte uležet asi 5-10 minut, dokud směs nezpění.
b) Ve velké míse smíchejte celozrnnou mouku a sůl. Uprostřed moučné směsi udělejte důlek.
c) Do důlku v mouce nalijte směs droždí a olivový olej.
d) Ingredience míchejte dohromady, dokud nevznikne těsto.
e) Těsto hněteme na pomoučené ploše asi 8-10 minut, dokud nebude hladké a pružné. Pokud je těsto příliš lepivé, můžete přidat ještě trochu mouky.
f) Těsto dejte do lehce olejem vymazané mísy, přikryjte čistou utěrkou nebo igelitem a nechte na teplém místě bez průvanu kynout asi 1 hodinu nebo dokud nezdvojnásobí svůj objem.
g) Předehřejte troubu na 450 °F (230 °C). Během předehřívání vložte do trouby pečicí kámen nebo obrácený plech. Pokud máte kámen na pizzu, funguje to skvěle na pečení ciabatty.
h) Těsto protlačíme a rozdělíme na dvě stejné části.
i) Každou část vyválejte do dlouhého tenkého tvaru ciabatty. Rukama můžete těsto vytvarovat nebo vyválet na pomoučené ploše a poté přenést na plech nebo slupku na pizzu posypanou kukuřičnou nebo krupicovou moukou.
j) Vršek každé ciabatty rovnoměrně posypeme nadrobno nakrájenými sušenými rajčaty a lístky čerstvé bazalky a jemně je vtlačíme do těsta.

k) Vytvarované ciabatty přikryjte čistou utěrkou a nechte je znovu kynout asi 20-30 minut.
l) Pomocí ostrého nože nebo žiletky udělejte šikmé řezy přes vrcholy ciabatty. To jim pomáhá rozšířit a rozvíjet klasický vzhled ciabatty.
m) Ciabattu opatrně přendejte do předehřáté trouby, buď přímo na pečicí kámen, nebo na rozpálený plech. Buďte opatrní při otevírání trouby; je horko!
n) Pečte asi 25–30 minut, nebo dokud není ciabatta zlatavě hnědá a po poklepání na dno zní dutě.
o) Před krájením a podáváním nechte ciabattu vychladnout na mřížce.
p) Vychutnejte si domácí sušená rajčata a bazalku z celozrnné Ciabatty s lahodnou chutí sušených rajčat a čerstvé bazalky!

47. Olivová a bylinková celozrnná Ciabatta

SLOŽENÍ:
- 1 1/2 šálku teplé vody (110 °F nebo 45 °C)
- 2 1/4 lžičky aktivního sušeného droždí (1 balíček)
- 1 lžička cukru
- 3 1/2 hrnku celozrnné mouky
- 1 1/2 lžičky soli
- 1 lžíce olivového oleje
- 1/2 šálku vypeckovaných zelených nebo černých oliv, nakrájených
- 2 lžíce nasekaných čerstvých bylinek (jako je rozmarýn, tymián nebo oregano).
- kukuřičná mouka nebo krupice (na posypání)

INSTRUKCE:
a) V malé misce smíchejte teplou vodu, droždí a cukr. Nechte uležet asi 5-10 minut, dokud směs nezpění.
b) Ve velké míse smíchejte celozrnnou mouku a sůl. Uprostřed moučné směsi udělejte důlek.
c) Do důlku v mouce nalijte směs droždí a olivový olej.
d) Ingredience míchejte dohromady, dokud nevznikne těsto.
e) Těsto hněteme na pomoučené ploše asi 8-10 minut, dokud nebude hladké a pružné. Pokud je těsto příliš lepivé, můžete přidat ještě trochu mouky.
f) Těsto dejte do lehce olejem vymazané mísy, přikryjte čistou utěrkou nebo igelitem a nechte na teplém místě bez průvanu kynout asi 1 hodinu nebo dokud nezdvojnásobí svůj objem.
g) Předehřejte troubu na 450 °F (230 °C). Během předehřívání vložte do trouby pečicí kámen nebo obrácený plech. Pokud máte kámen na pizzu, funguje to skvěle na pečení ciabatty.
h) Těsto protlačíme a rozdělíme na dvě stejné části.
i) Každou část vyválejte do dlouhého tenkého tvaru ciabatty. Rukama můžete těsto vytvarovat nebo vyválet na pomoučené ploše a poté přenést na plech nebo slupku na pizzu posypanou kukuřičnou nebo krupicovou moukou.
j) Vršek každé ciabatty rovnoměrně posypte nakrájenými olivami a čerstvými bylinkami a jemně je vtlačte do těsta.

k) Vytvarované ciabatty přikryjte čistou utěrkou a nechte je znovu kynout asi 20-30 minut.
l) Pomocí ostrého nože nebo žiletky udělejte šikmé řezy přes vrcholy ciabatty. To jim pomáhá rozšířit a rozvíjet klasický vzhled ciabatty.
m) Ciabattu opatrně přendejte do předehřáté trouby, buď přímo na pečicí kámen, nebo na rozpálený plech. Buďte opatrní při otevírání trouby; je horko!
n) Pečte asi 25–30 minut, nebo dokud není ciabatta zlatavě hnědá a po poklepání na dno zní dutě.
o) Před krájením a podáváním nechte ciabattu vychladnout na mřížce.
p) Vychutnejte si svou domácí olivovou a bylinkovou celozrnnou Ciabattu s úžasnou chutí oliv a čerstvých bylinek!

48.Celozrnná Ciabatta Jalapeño

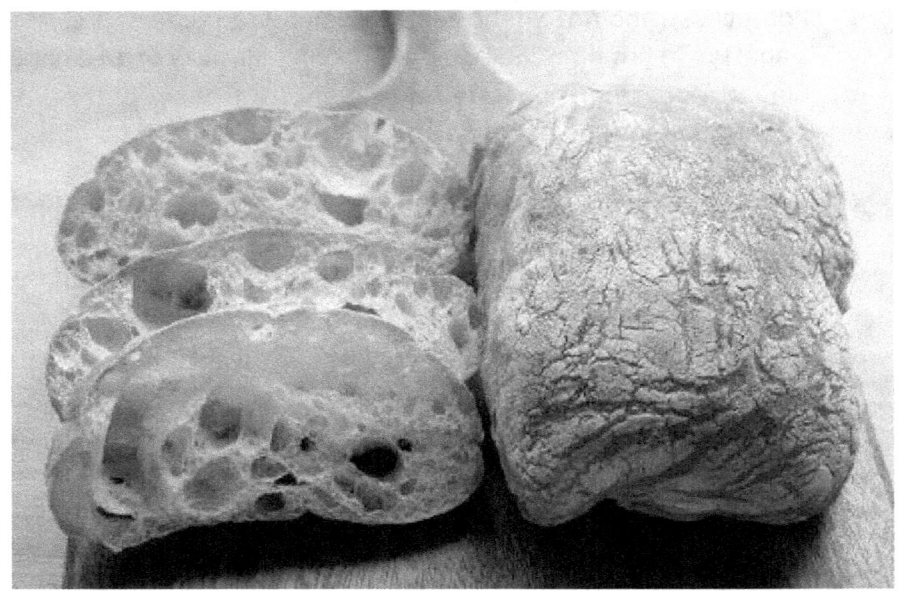

SLOŽENÍ:
- 1 1/2 šálku teplé vody (110 °F nebo 45 °C)
- 2 1/4 lžičky aktivního sušeného droždí (1 balíček)
- 1 lžička cukru
- 3 1/2 hrnku celozrnné mouky
- 1 1/2 lžičky soli
- 2 papričky jalapeño, zbavené semínek a nakrájené nadrobno
- 1 lžíce olivového oleje
- kukuřičná mouka nebo krupice (na posypání)

INSTRUKCE:
a) V malé misce smíchejte teplou vodu, droždí a cukr. Nechte uležet asi 5-10 minut, dokud směs nezpění.
b) Ve velké míse smíchejte celozrnnou mouku a sůl. Uprostřed moučné směsi udělejte důlek.
c) Do důlku v mouce nalijte směs droždí a olivový olej.
d) Ingredience míchejte dohromady, dokud nevznikne těsto.
e) Těsto hněteme na pomoučené ploše asi 8-10 minut, dokud nebude hladké a pružné. Pokud je těsto příliš lepivé, můžete přidat ještě trochu mouky.
f) Těsto dejte do lehce olejem vymazané mísy, přikryjte čistou utěrkou nebo igelitem a nechte na teplém místě bez průvanu kynout asi 1 hodinu nebo dokud nezdvojnásobí svůj objem.
g) Předehřejte troubu na 450 °F (230 °C). Během předehřívání vložte do trouby pečicí kámen nebo obrácený plech. Pokud máte kámen na pizzu, funguje to skvěle na pečení ciabatty.
h) Těsto protlačíme a rozdělíme na dvě stejné části.
i) Každou část vyválejte do dlouhého tenkého tvaru ciabatty. Rukama můžete těsto vytvarovat nebo vyválet na pomoučené ploše a poté přenést na plech nebo slupku na pizzu posypanou kukuřičnou nebo krupicovou moukou.
j) Nadrobno nakrájené papričky jalapeño rovnoměrně posypte vršek každé ciabatty a jemně je zatlačte do těsta.
k) Vytvarované ciabatty přikryjte čistou utěrkou a nechte je znovu kynout asi 20-30 minut.

l) Pomocí ostrého nože nebo žiletky udělejte šikmé řezy přes vrcholy ciabatty. To jim pomáhá rozšířit a rozvíjet klasický vzhled ciabatty.
m) Ciabattu opatrně přendejte do předehřáté trouby, buď přímo na pečicí kámen, nebo na rozpálený plech. Buďte opatrní při otevírání trouby; je horko!
n) Pečte asi 25–30 minut, nebo dokud není ciabatta zlatavě hnědá a po poklepání na dno zní dutě.
o) Před krájením a podáváním nechte ciabattu vychladnout na mřížce.
p) Vychutnejte si domácí celozrnnou Ciabattu Jalapeño s pikantní chutí!

49. Cheddar a pažitka celozrnná Ciabatta

SLOŽENÍ:
- 1 1/2 šálku teplé vody (110 °F nebo 45 °C)
- 2 1/4 lžičky aktivního sušeného droždí (1 balíček)
- 1 lžička cukru
- 3 1/2 hrnku celozrnné mouky
- 1 1/2 lžičky soli
- 1 lžíce olivového oleje
- 1 šálek ostrého sýra čedar, nastrouhaného
- 1/4 šálku čerstvé pažitky, nakrájené
- kukuřičná mouka nebo krupice (na posypání)

INSTRUKCE:
a) V malé misce smíchejte teplou vodu, droždí a cukr. Nechte uležet asi 5-10 minut, dokud směs nezpění.
b) Ve velké míse smíchejte celozrnnou mouku a sůl. Uprostřed moučné směsi udělejte důlek.
c) Do důlku v mouce nalijte směs droždí a olivový olej.
d) Ingredience míchejte dohromady, dokud nevznikne těsto.
e) Těsto hněteme na pomoučené ploše asi 8-10 minut, dokud nebude hladké a pružné. Pokud je těsto příliš lepivé, můžete přidat ještě trochu mouky.
f) Těsto dejte do lehce olejem vymazané mísy, přikryjte čistou utěrkou nebo igelitem a nechte na teplém místě bez průvanu kynout asi 1 hodinu nebo dokud nezdvojnásobí svůj objem.
g) Předehřejte troubu na 450 °F (230 °C). Během předehřívání vložte do trouby pečicí kámen nebo obrácený plech. Pokud máte kámen na pizzu, funguje to skvěle na pečení ciabatty.
h) Těsto protlačíme a rozdělíme na dvě stejné části.
i) Každou část vyválejte do dlouhého tenkého tvaru ciabatty. Rukama můžete těsto vytvarovat nebo vyválet na pomoučené ploše a poté přenést na plech nebo slupku na pizzu posypanou kukuřičnou nebo krupicovou moukou.
j) Vršek každé ciabatty rovnoměrně posypte strouhaným sýrem čedar a nasekanou pažitkou a jemně je zatlačte do těsta.
k) Vytvarované ciabatty přikryjte čistou utěrkou a nechte je znovu kynout asi 20-30 minut.

l) Pomocí ostrého nože nebo žiletky udělejte šikmé řezy přes vrcholy ciabatty. To jim pomáhá rozšířit a rozvíjet klasický vzhled ciabatty.
m) Ciabattu opatrně přendejte do předehřáté trouby, buď přímo na pečicí kámen, nebo na rozpálený plech. Buďte opatrní při otevírání trouby; je horko!
n) Pečte asi 25–30 minut, nebo dokud není ciabatta zlatavě hnědá a po poklepání na dno zní dutě.
o) Před krájením a podáváním nechte ciabattu vychladnout na mřížce.
p) Vychutnejte si domácí celozrnnou Ciabattu z čedaru a pažitky s pikantní dobrotou sýra čedar a čerstvou pažitkou!

50. Pesto a mozzarella celozrnná Ciabatta

SLOŽENÍ:
- 1 1/2 šálku teplé vody (110 °F nebo 45 °C)
- 2 1/4 lžičky aktivního sušeného droždí (1 balíček)
- 1 lžička cukru
- 3 1/2 hrnku celozrnné mouky
- 1 1/2 lžičky soli
- 1/4 šálku pesto omáčky
- 1 šálek sýra mozzarella, nastrouhaný
- kukuřičná mouka nebo krupice (na posypání)

INSTRUKCE:
a) V malé misce smíchejte teplou vodu, droždí a cukr. Nechte uležet asi 5-10 minut, dokud směs nezpění.
b) Ve velké míse smíchejte celozrnnou mouku a sůl. Uprostřed moučné směsi udělejte důlek.
c) Do důlku v mouce nalijte droždovou směs.
d) Ingredience míchejte dohromady, dokud nevznikne těsto.
e) Těsto hněteme na pomoučené ploše asi 8-10 minut, dokud nebude hladké a pružné. Pokud je těsto příliš lepivé, můžete přidat ještě trochu mouky.
f) Těsto dejte do lehce olejem vymazané mísy, přikryjte čistou utěrkou nebo igelitem a nechte na teplém místě bez průvanu kynout asi 1 hodinu nebo dokud nezdvojnásobí svůj objem.
g) Předehřejte troubu na 450 °F (230 °C). Během předehřívání vložte do trouby pečicí kámen nebo obrácený plech. Pokud máte kámen na pizzu, funguje to skvěle na pečení ciabatty.
h) Těsto protlačíme a rozdělíme na dvě stejné části.
i) Každou část vyválejte do dlouhého tenkého tvaru ciabatty. Rukama můžete těsto vytvarovat nebo vyválet na pomoučené ploše a poté přenést na plech nebo slupku na pizzu posypanou kukuřičnou nebo krupicovou moukou.
j) Omáčku s pestem rovnoměrně rozetřete po povrchu každé ciabatty.
k) Navrch pesta posypeme strouhaným sýrem mozzarella.
l) Vytvarované ciabatty přikryjte čistou utěrkou a nechte je znovu kynout asi 20-30 minut.

m) Pomocí ostrého nože nebo žiletky udělejte šikmé řezy přes vrcholy ciabatty. To jim pomáhá rozšířit a rozvíjet klasický vzhled ciabatty.
n) Ciabattu opatrně přendejte do předehřáté trouby, buď přímo na pečicí kámen, nebo na rozpálený plech. Buďte opatrní při otevírání trouby; je horko!
o) Pečte asi 25–30 minut, nebo dokud není ciabatta zlatavě hnědá a po poklepání na dno zní dutě.
p) Před krájením a podáváním nechte ciabattu vychladnout na mřížce.
q) Vychutnejte si své domácí pesto a mozzarellu celozrnnou Ciabattu s úžasnou chutí pesta a mazlavé mozzarelly!

SENDVIČE CIABATTA

51.Sendvič Caprese Ciabatta

SLOŽENÍ:
- 1 bochník ciabatty, rozkrojený podélně napůl
- 2 velká rajčata, nakrájená na plátky
- 1 kulička čerstvého sýra mozzarella, nakrájená na plátky
- Listy čerstvé bazalky
- Balzamiková glazura
- Olivový olej
- Sůl a pepř na dochucení

INSTRUKCE:
a) Vnitřek každé poloviny bochníku ciabatty potřete olivovým olejem.

b) Na spodní polovinu bochníku ciabatty navrstvěte nakrájená rajčata, mozzarellu a lístky čerstvé bazalky.

c) Náplň pokapeme balzamikovou polevou a dochutíme solí a pepřem.

d) Umístěte horní polovinu bochníku ciabatty na náplň a vytvořte sendvič.

e) Sendvič nakrájíme na jednotlivé porce a podáváme.

52.Sendvič s grilovaným kuřecím pestem Ciabatta

SLOŽENÍ:
- 1 bochník ciabatty, rozkrojený podélně napůl
- 2 grilovaná kuřecí prsa, nakrájená na plátky
- 4 lžíce pesto omáčky
- 1 šálek listů baby špenátu
- 1 rajče, nakrájené na plátky
- 4 plátky sýra provolone

INSTRUKCE:
a) Spodní polovinu bochníku ciabatty namažte pesto omáčkou.
b) Na pesto navrstvěte grilované kuřecí plátky, listy baby špenátu, plátky rajčat a sýr provolone.
c) Umístěte horní polovinu bochníku ciabatty na náplň a vytvořte sendvič.
d) Sendvič grilujte na panini lisu nebo grilovací pánvi, dokud se sýr nerozpustí a chléb nebude křupavý.
e) Sendvič nakrájíme na jednotlivé porce a podáváme horké.

53. Italský sendvič Ciabatta

SLOŽENÍ:
- 1 bochník ciabatty, rozkrojený podélně napůl
- 4 plátky prosciutta
- 4 plátky salámu
- 4 plátky mortadelly
- 4 plátky sýra provolone
- 1/2 šálku pečené červené papriky, nakrájené na plátky
- 1/4 šálku nakrájených černých oliv
- 1/4 šálku nakrájené pepperoncini
- Olivový olej
- Sůl a pepř na dochucení

INSTRUKCE:
a) Vnitřek každé poloviny bochníku ciabatty potřete olivovým olejem.
b) Na spodní polovinu bochníku ciabatty navrstvěte prosciutto, salám, mortadelu, sýr provolone, pečenou červenou papriku, černé olivy a pepperoncini.
c) Dochuťte solí a pepřem.
d) Umístěte horní polovinu bochníku ciabatty na náplň a vytvořte sendvič.
e) Sendvič nakrájíme na jednotlivé porce a podáváme.

54. Sendvič se středomořskou zeleninou Ciabatta

SLOŽENÍ:
- 1 bochník ciabatty, rozkrojený podélně napůl
- 1/2 šálku hummusu
- 1 šálek smíšené zeleniny
- 1/2 šálku nakrájené okurky
- 1/2 šálku nakrájených rajčat
- 1/4 šálku nakrájené červené cibule
- 1/4 šálku rozdrobeného sýra feta
- Kalamata olivy, na ozdobu
- Olivový olej
- Sůl a pepř na dochucení

INSTRUKCE:
a) Spodní polovinu bochníku ciabatty namažte hummusem.
b) Na hummus navrstvěte míchanou zeleninu, nakrájenou okurku, nakrájené rajče, nakrájenou červenou cibuli a rozdrobený sýr feta.
c) Náplň pokapejte olivovým olejem a dochuťte solí a pepřem.
d) Umístěte horní polovinu bochníku ciabatty na náplň a vytvořte sendvič.
e) Sendvič nakrájejte na jednotlivé porce a před podáváním ozdobte olivami Kalamata.

55. Krůtí brusinkový sendvič Ciabatta

SLOŽENÍ:
- 1 bochník ciabatty, rozkrojený podélně napůl
- Krůtí prsa nakrájená na plátky
- Brusinková omáčka
- Baby špenátové listy
- Nakrájený sýr brie
- dijonská hořčice

INSTRUKCE:
a) Spodní polovinu bochníku ciabatty potřete dijonskou hořčicí.
b) Na hořčici navrstvěte nakrájená krůtí prsa, brusinkovou omáčku, baby špenát a nakrájený sýr brie.
c) Umístěte horní polovinu bochníku ciabatty na náplň a vytvořte sendvič.
d) Sendvič nakrájíme na jednotlivé porce a podáváme.

56. Sendvič Ciabatta s lilkem a parmazánem

SLOŽENÍ:
- 1 bochník ciabatty, rozkrojený podélně napůl
- Opečené a smažené plátky lilku
- Marinara omáčka
- Nakrájený sýr mozzarella
- Listy čerstvé bazalky

INSTRUKCE:
a) Spodní polovinu bochníku ciabatty potřeme omáčkou marinara.
b) Na omáčku navrstvěte obalované a osmažené plátky lilku, nakrájenou mozzarellu a lístky čerstvé bazalky.
c) Umístěte horní polovinu bochníku ciabatty na náplň a vytvořte sendvič.
d) Sendvič nakrájíme na jednotlivé porce a podáváme.

57. Sendvič Ciabatta s pečeným hovězím a křenem

SLOŽENÍ:
- 1 bochník ciabatty, rozkrojený podélně napůl
- Na tenké plátky nakrájené hovězí maso
- Křenová omáčka
- Rukola
- Nakrájená červená cibule
- Plátky švýcarského sýra

INSTRUKCE:

a) Spodní polovinu bochníku ciabatty potřeme křenovou omáčkou.

b) Na omáčku navrstvěte na tenké plátky nakrájený rostbíf, rukolu, nakrájenou červenou cibuli a plátky švýcarského sýra.

c) Umístěte horní polovinu bochníku ciabatty na náplň a vytvořte sendvič.

d) Sendvič nakrájíme na jednotlivé porce a podáváme.

58.Ciabatta sendvič s tuňákovým salátem

SLOŽENÍ:
- 1 bochník ciabatty, rozkrojený podélně napůl
- Tuňákový salát (připravený s tuňákem z konzervy, majonézou, celerem nakrájeným na kostičky, červenou cibulí nakrájenou na kostičky, solí a pepřem)
- Nakrájené rajče
- Listy salátu
- Nakrájené avokádo

INSTRUKCE:
a) Na spodní polovinu bochníku ciabatty namažte salát s tuňákem.
b) Na tuňákový salát navrstvěte nakrájené rajče, listy salátu a nakrájené avokádo.
c) Umístěte horní polovinu bochníku ciabatty na náplň a vytvořte sendvič.
d) Sendvič nakrájíme na jednotlivé porce a podáváme.

59. Mozzarella Pesto Veggie Ciabatta sendvič

SLOŽENÍ:
- 1 bochník ciabatty, rozkrojený podélně napůl
- Pesto omáčka
- Nakrájený čerstvý sýr mozzarella
- Grilovaná nebo pečená zelenina (jako je cuketa, paprika a lilek)
- Listy čerstvého špenátu

INSTRUKCE:

a) Spodní polovinu bochníku ciabatty namažte pesto omáčkou.

b) Na pesto navrstvěte nakrájenou čerstvou mozzarellu, grilovanou nebo restovanou zeleninu a lístky čerstvého špenátu.

c) Umístěte horní polovinu bochníku ciabatty na náplň a vytvořte sendvič.

d) Sendvič nakrájíme na jednotlivé porce a podáváme.

60.Sendvič s uzeným lososem a smetanovým sýrem

SLOŽENÍ:
- 1 bochník ciabatty, rozkrojený podélně napůl
- Plátky uzeného lososa
- Tavený sýr
- Na tenké plátky nakrájená červená cibule
- Kapary
- Čerstvý kopr

INSTRUKCE:

a) Spodní polovinu bochníku ciabatty namažte smetanovým sýrem.

b) Na smetanový sýr navrstvíme plátky uzeného lososa, na tenké plátky nakrájenou červenou cibuli, kapary a čerstvý kopr.

c) Umístěte horní polovinu bochníku ciabatty na náplň a vytvořte sendvič.

d) Sendvič nakrájíme na jednotlivé porce a podáváme.

61.BBQ tažený vepřový sendvič Ciabatta

SLOŽENÍ:
- 1 bochník ciabatty, rozkrojený podélně napůl
- BBQ tažené vepřové maso
- Zelný salát
- Kyselé okurky

INSTRUKCE:

a) Ohřejte BBQ tažené vepřové maso.

b) Na spodní polovinu bochníku ciabatty navrstvěte ohřáté BBQ trhané vepřové maso a zelný salát.

c) Navrch coleslawu přidejte okurky.

d) Umístěte horní polovinu bochníku ciabatty na náplň a vytvořte sendvič.

e) Sendvič nakrájíme na jednotlivé porce a podáváme.

62. Řecký kuřecí sendvič Ciabatta

SLOŽENÍ:
- 1 bochník ciabatty, rozkrojený podélně napůl
- Grilovaná kuřecí prsa, nakrájená na plátky
- Tzatziki omáčka
- Nakrájená okurka
- Nakrájené rajče
- Plátky červené cibule
- olivy Kalamata
- Rozdrobený sýr feta

INSTRUKCE:
a) Spodní polovinu bochníku ciabatty potřete omáčkou tzatziki.
b) Na tzatziki omáčku navrstvěte nakrájená grilovaná kuřecí prsa, nakrájenou okurku, nakrájené rajče, plátky červené cibule, olivy Kalamata a rozdrobený sýr feta.
c) Umístěte horní polovinu bochníku ciabatty na náplň a vytvořte sendvič.
d) Sendvič nakrájíme na jednotlivé porce a podáváme.

63. Steak a karamelizovaný cibulový sendvič

SLOŽENÍ:
- 1 bochník ciabatty, rozkrojený podélně napůl
- Nakrájený steak (jako je ribeye nebo svíčková), vařený podle vašich preferencí
- Karamelizovaná cibule
- Plátkový sýr provolone
- Rukola
- Křenové aioli (majonéza smíchaná s připraveným křenem)

INSTRUKCE:
a) Na spodní polovinu bochníku ciabatty namažte křenové aioli.
b) Na aioli navrstvěte nakrájený steak, karamelizovanou cibuli, nakrájený sýr provolone a rukolu.
c) Umístěte horní polovinu bochníku ciabatty na náplň a vytvořte sendvič.
d) Sendvič nakrájíme na jednotlivé porce a podáváme.

64. Avokádový kuřecí sendvič Caesar Ciabatta

SLOŽENÍ:
- 1 bochník ciabatty, rozkrojený podélně napůl
- Grilovaná kuřecí prsa, nakrájená na plátky
- Listy římského salátu
- Obvaz Caesar
- Nakrájené avokádo
- Strouhaný parmazán

INSTRUKCE:

a) Spodní polovinu bochníku ciabatty potřete dresinkem Caesar.

b) Na dresink navrstvěte grilovaná kuřecí prsa, listy římského salátu, nakrájené avokádo a nastrouhaný parmazán.

c) Umístěte horní polovinu bochníku ciabatty na náplň a vytvořte sendvič.

d) Sendvič nakrájíme na jednotlivé porce a podáváme.

65.Buffalo Chicken Ciabatta Sendvič

SLOŽENÍ:
- 1 bochník ciabatty, rozkrojený podélně napůl
- Trhané buvolí kuře (vařené kuře házené v buvolí omáčce)
- Dresink z modrého sýra
- Nakrájený celer
- Nakrájená červená cibule
- Listy salátu

INSTRUKCE:

a) Spodní polovinu bochníku ciabatty potřeme dresinkem z modrého sýra.

b) Na dresink navrstvíme nakrájené buvolí kuře, nakrájený celer, nakrájenou červenou cibuli a listy salátu.

c) Umístěte horní polovinu bochníku ciabatty na náplň a vytvořte sendvič.

d) Sendvič nakrájíme na jednotlivé porce a podáváme.

66.Sendvič Muffuletta Ciabatta

SLOŽENÍ:
- 1 bochník ciabatty, rozkrojený podélně napůl
- Nakrájená šunka
- Nakrájený salám
- Nakrájená mortadella
- Plátkový sýr provolone
- Muffuletta olivový salát

INSTRUKCE:
a) Na spodní polovinu bochníku ciabatty navrstvěte nakrájenou šunku, salám, mortadelu a sýr provolone.
b) Na sýr potřete olivový salát muffuletta.
c) Umístěte horní polovinu bochníku ciabatty na náplň a vytvořte sendvič.
d) Sendvič nakrájíme na jednotlivé porce a podáváme.

67. Glazovaný houbový sendvič Portobello

SLOŽENÍ:
- 1 bochník ciabatty, rozkrojený podélně napůl
- Portobello houby, stonky odstraněny
- Balzamiková glazura
- Olivový olej
- Stroužky česneku, mleté
- Baby špenátové listy
- Nakrájené červené papriky
- Plátkový sýr provolone

INSTRUKCE:
a) Předehřejte troubu na 400 °F (200 °C).
b) Potřete žampiony portobello olivovým olejem a nasekaným česnekem. Pečte je 15–20 minut, dokud nezměknou.
c) Houby pokapejte balzamikovou polevou.
d) Na spodní polovinu bochníku ciabatty navrstvěte orestované žampiony, listy baby špenátu, nakrájenou červenou papriku a sýr provolone.
e) Umístěte horní polovinu bochníku ciabatty na náplň a vytvořte sendvič.
f) Sendvič nakrájíme na jednotlivé porce a podáváme.

68.Sendvič Tofu Banh Mi Ciabatta

SLOŽENÍ:
- 1 bochník ciabatty, rozkrojený podélně napůl
- Pečené nebo smažené plátky tofu
- Nakládaná mrkev a ředkev daikon
- Nakrájená okurka
- Nakrájené jalapeňos
- Čerstvé lístky koriandru
- Veganská majonéza
- Sriracha omáčka

INSTRUKCE:
a) Spodní polovinu bochníku ciabatty potřete veganskou majonézou a omáčkou sriracha.
b) Na omáčku navrstvěte pečené nebo smažené plátky tofu, nakládanou mrkev a ředkvičku daikon, nakrájenou okurku, plátky jalapeňos a lístky čerstvého koriandru.
c) Umístěte horní polovinu bochníku ciabatty na náplň a vytvořte sendvič.
d) Sendvič nakrájíme na jednotlivé porce a podáváme.

69.Italská klobása a paprika Ciabatta sendvič

SLOŽENÍ:
- 1 bochník ciabatty, rozkrojený podélně napůl
- Odkazy italské klobásy, vařené a nakrájené
- Restované papriky a cibule
- Marinara omáčka
- Plátkový sýr provolone

INSTRUKCE:
a) Spodní polovinu bochníku ciabatty potřeme omáčkou marinara.
b) Na omáčku navrstvěte uvařené plátky italské klobásy, orestovanou papriku a cibuli a nakrájený sýr provolone.
c) Umístěte horní polovinu bochníku ciabatty na náplň a vytvořte sendvič.
d) Sendvič nakrájíme na jednotlivé porce a podáváme.

70. Ciabatta steakový sendvič

SLOŽENÍ:
- 1 (2 libry) londýnského grilu
- 1 lžíce olivového oleje
- 1 lžíce steakového koření
- 2 lžíce pesta
- 1/4 šálku majonézy
- 4 rolky ciabatty, podélně nakrájené na 1/2
- 3 švestková rajčata, nakrájená na plátky

INSTRUKCE:
a) Předehřejte gril na střední teplotu.
b) London gril potřete olivovým olejem a okořeňte steakovým kořením. Umístěte na gril. Grilujte 3 až 5 minut z každé strany, v závislosti na tloušťce a preferenci. Po dokončení nechte 5 minut odpočinout a poté nakrájejte na plátky.
c) V malé misce smíchejte pesto a majonézu.
d) Na spodní polovinu každé ciabatty namažte majonézovou směs.
e) Navrch dejte plátky rajčat a maso. Přikryjeme horními polovinami a podáváme.

71.Ciabatta Prosciutto Sendvič

SLOŽENÍ:
- 4 bochníky chleba ciabatta, malé
- 2 lžíce olivového oleje
- ¾ lb prosciutto, dělené
- 1 šálek rajčat, nakrájených, rozdělených
- 1 šálek rukoly, umyté a sušené, rozdělené
- 1 šálek majonézy, rozdělený

INSTRUKCE:
a) Začněte tím, že každou ciabattu rozkrojíte napůl tak, abyste měli horní a spodní díl.
b) Vnitřek každého kousku ciabatty lehce potřete olivovým olejem.
c) Plátky položte na plech a pečte v troubě 7 minut. To lze provést také opékáním olejem potřené strany chleba na pánvi na středním plameni po dobu 2 minut nebo do lehkého zhnědnutí.
d) Na každý spodní kousek ciabatty položte vrstvu rukoly, plátky rajčat a poté prosciutto.
e) Doplňte majonézou nebo hořčičnou pomazánkou, chcete-li.
f) Umístěte druhou polovinu chleba ciabatta na prosciutto, abyste dokončili sendvič.
g) Postup opakujte, dokud nebudou všechny 4 bochníky naplněny všemi ingrediencemi.
h) Podávejte a užívejte si!

PLNĚNÁ CIABATTA

72. Caprese plněná Ciabatta

SLOŽENÍ:
- 1 ciabatta
- 8 uncí čerstvé mozzarelly, nakrájené na plátky
- 1 šálek cherry rajčat, napůl
- Listy čerstvé bazalky
- Balzamiková glazura

INSTRUKCE:
a) Ciabattu rozkrojte podélně napůl.
b) Vydlabejte vnitřek ciabatty, abyste vytvořili prostor pro náplň.
c) Do ciabatty navrstvěte čerstvou mozzarellu, cherry rajčata a lístky bazalky.
d) Pokapeme balzamikovou polevou.
e) Navrch položte druhou polovinu ciabatty a jemně přitlačte.
f) Nakrájejte a podávejte.

73.Ciabatta plněná špenátem a artyčoky

SLOŽENÍ:
- 1 ciabatta
- 1 (10 uncový) balíček mraženého špenátu, rozmraženého a vymačkaného do sucha
- 1 (14 uncí) plechovka artyčokových srdíček, okapaná a nakrájená
- 1 hrnek majonézy
- 1 hrnek strouhaného parmazánu
- 1 hrnek strouhaného sýra mozzarella
- 2 stroužky česneku, mleté

INSTRUKCE:
a) Předehřejte troubu na 350 °F (175 °C).
b) Ciabattu podélně rozpůlíme a vnitřek vydlabeme.
c) V míse smíchejte špenát, nakrájená artyčoková srdíčka, majonézu, parmazán, mozzarellu a mletý česnek.
d) Směs naplňte do vydlabané ciabatty.
e) Plněnou ciabattu zabalte do alobalu a pečte asi 25–30 minut, nebo dokud není náplň horká a bublinková.
f) Rozbalte, nakrájejte a podávejte.

74. Středomořská plněná Ciabatta

SLOŽENÍ:
- 1 ciabatta
- Humus
- Pečená červená paprika, nakrájená na plátky
- Olivy (Kalamata nebo černé), nakrájené na plátky
- Sýr feta, rozdrobený
- Čerstvá rukola

INSTRUKCE:
a) Ciabattu rozkrojte podélně napůl.
b) Z obou stran potřeme štědrou vrstvou hummusu.
c) Na jednu stranu ciabatty navrstvěte pražené červené papriky, olivy a rozdrobený sýr feta.
d) Navrch dejte čerstvou rukolu.
e) Navrch položte druhou polovinu ciabatty a jemně přitlačte.
f) Nakrájejte a podávejte.

75.Chléb se třemi sýry Ciabatta

SLOŽENÍ:
- 1 bochník ciabatty
- 1 hrnek strouhaného sýra mozzarella
- 1/2 šálku strouhaného parmazánu
- 1/2 šálku rozdrobeného sýra feta
- 2 stroužky česneku, mleté
- 1/4 šálku nasekané čerstvé petrželky
- 1/4 šálku olivového oleje

INSTRUKCE:
a) Předehřejte troubu na 375 °F (190 °C).
b) Bochník ciabatty podélně rozkrojte napůl a obě poloviny položte na plech.
c) V malé misce smíchejte nasekaný česnek, nasekanou petrželku a olivový olej.
d) Směs česneku a petrželky rovnoměrně potřete obě poloviny bochníku ciabatty.
e) Nastrouhanou mozzarellu, nastrouhaný parmezán a rozdrobený sýr feta rovnoměrně posypeme na vršek chleba.
f) Pečte v předehřáté troubě 10–15 minut, nebo dokud se sýr nerozpustí a nezvoní a chléb nezezlátne.
g) Vyjměte z trouby, nakrájejte a podávejte teplé.

76.Italská masová koule plněná Ciabatta

SLOŽENÍ:
- 1 ciabatta
- Mini masové kuličky (předvařené)
- Marinara omáčka
- Sýr mozzarella, strouhaný

INSTRUKCE:
a) Ciabattu rozkrojte podélně napůl.
b) Mini karbanátky a omáčku marinara ohřejte v hrnci.
c) Masové kuličky a omáčku vložte do ciabatty.
d) Posypeme strouhaným sýrem mozzarella.
e) Navrch položte druhou polovinu ciabatty a jemně přitlačte.
f) Nakrájejte a podávejte.

77.Ciabatta plněná cajunskými krevetami

SLOŽENÍ:
- 1 ciabatta
- 1 libra velkých krevet, oloupaných a zbavených žilek
- 2 lžíce cajunského koření
- 2 lžíce másla
- 1/2 šálku majonézy
- 2 stroužky česneku, mleté
- 1 lžíce citronové šťávy
- Nakrájený salát
- Nakrájená rajčata

INSTRUKCE:
a) Ciabattu rozkrojte podélně napůl.
b) Posypte krevety cajunským kořením.
c) Na pánvi rozpustíme máslo a restujeme krevety, dokud se neuvaří, asi 2-3 minuty z každé strany.
d) V malé misce smíchejte majonézu, mletý česnek a citronovou šťávu.
e) Česnekovou majonézu rozetřete na vnitřní stranu ciabatty.
f) Uvařené krevety navrstvíme na spodní polovinu ciabatty.
g) Navrch dejte nakrájený salát a rajčata.
h) Navrch položte druhou polovinu ciabatty a jemně přitlačte.
i) Nakrájejte a podávejte.

78. Špenátový a artyčokový sýrový chléb Ciabatta

SLOŽENÍ:
- 1 bochník ciabatty
- 1 hrnek strouhaného sýra mozzarella
- 1/2 šálku strouhaného parmazánu
- 1/2 šálku nakrájeného vařeného špenátu (dobře okapaného)
- 1/2 šálku nakrájených marinovaných artyčokových srdíček (dobře okapaných)
- 2 stroužky česneku, mleté
- 1/4 šálku majonézy

INSTRUKCE:
a) Předehřejte troubu na 375 °F (190 °C).
b) Bochník ciabatty podélně rozkrojte napůl a obě poloviny položte na plech.
c) V malé misce smíchejte nasekaný česnek a majonézu.
d) Česnekovou majonézu rovnoměrně rozetřeme na obě poloviny bochníku ciabatty.
e) Vršek chleba rovnoměrně posypeme nastrouhanou mozzarellou a nastrouhaným parmazánem.
f) Nakrájený špenát a nakrájená artyčoková srdíčka rovnoměrně rozložte na sýr.
g) Pečte v předehřáté troubě 10–15 minut, nebo dokud se sýr nerozpustí a nezvoní a chléb nezezlátne.
h) Vyjměte z trouby, nakrájejte a podávejte teplé.

79.BBQ tažené vepřové plněné Ciabatta

SLOŽENÍ:
- 1 ciabatta
- 2 šálky taženého vepřového masa
- 1 šálek salátu coleslaw
- BBQ omáčka

INSTRUKCE:
a) Ciabattu rozkrojte podélně napůl.
b) Zahřáté vepřové maso.
c) Ciabattu naplňte teplým trhaným vepřovým masem.
d) Navrch dáme zelný salát.
e) Pokapeme BBQ omáčkou.
f) Navrch položte druhou polovinu ciabatty a jemně přitlačte.
g) Nakrájejte a podávejte.

80. Kuřecí Ciabatta plněná Caesarem

SLOŽENÍ:
- 1 ciabatta
- Grilovaná kuřecí prsa, nakrájená na plátky
- Římský salát, nakrájený
- Obvaz Caesar
- Strouhaný parmazán

INSTRUKCE:
a) Ciabattu rozkrojte podélně napůl.
b) Na obě strany ciabatty potřete Caesarovým dresinkem.
c) Na spodní polovinu navrstvíme nakrájené grilované kuře.
d) Navrch dejte nakrájený římský salát a nastrouhaný parmazán.
e) Navrch položte druhou polovinu ciabatty a jemně přitlačte.
f) Nakrájejte a podávejte.

81.Sýrový česnek Herb Ciabatta Chléb

SLOŽENÍ:
- 1 bochník ciabatty
- 1/2 šálku strouhaného sýra mozzarella
- 1/2 šálku strouhaného sýra čedar
- 1/4 šálku strouhaného parmazánu
- 3 stroužky česneku, nasekané
- 2 lžíce nasekané čerstvé petrželky
- 1/4 šálku nesoleného másla, rozpuštěného

INSTRUKCE:
a) Předehřejte troubu na 375 °F (190 °C).
b) Bochník ciabatty podélně rozkrojte napůl a obě poloviny položte na plech.
c) V malé misce smíchejte nasekaný česnek, nasekanou petrželku a rozpuštěné máslo.
d) Obě poloviny bochníku ciabatty rovnoměrně potřete česnekovým a petrželovým máslem.
e) Nastrouhanou mozzarellu, nastrouhaný čedar a nastrouhaný parmezán rovnoměrně posypeme navrch chleba.
f) Pečte v předehřáté troubě 10–15 minut, nebo dokud se sýr nerozpustí a nezvoní a chléb nezezlátne.
g) Vyjměte z trouby, nakrájejte a podávejte teplé.

82.Taco plněná Ciabatta

SLOŽENÍ:
- 1 ciabatta
- Mleté hovězí nebo krůtí maso, vařené a ochucené taco kořením
- Salsa
- Guacamole
- Zakysaná smetana
- Strouhaný salát
- Nakrájená rajčata

INSTRUKCE:
a) Ciabattu rozkrojte podélně napůl.
b) Naplňte vařeným a ochuceným mletým hovězím nebo krůtím masem.
c) Navrch dejte salsu, guacamole, zakysanou smetanu, drcený salát a nakrájená rajčata.
d) Navrch položte druhou polovinu ciabatty a jemně přitlačte.
e) Nakrájejte a podávejte.

83. Ciabatta plněná pečeným hovězím masem a křenem

SLOŽENÍ:
- 1 ciabatta
- Plátky hovězí pečeně
- Křenová omáčka
- Švýcarský sýr, nakrájený na plátky
- Červená cibule, nakrájená na tenké plátky
- Rukola

INSTRUKCE:
a) Ciabattu rozkrojte podélně napůl.
b) Ciabattu potřeme z obou stran křenovou omáčkou.
c) Na spodní polovinu navrstvěte nakrájený rostbíf, švýcarský sýr, červenou cibuli a rukolu.
d) Navrch položte druhou polovinu ciabatty a jemně přitlačte.
e) Nakrájejte a podávejte.

84. Ciabatta plněná buvolím kuřetem

SLOŽENÍ:
- 1 ciabatta
- Vařené a trhané kuře (ochucené buvolí omáčkou)
- Dresink z modrého sýra
- Nakrájený celer
- Nakrájené zelené cibule

INSTRUKCE:
a) Ciabattu rozkrojte podélně napůl.
b) Vařené a nakrájené kuře položte v buvolí omáčce.
c) Ciabattu potřeme z obou stran dresinkem z modrého sýra.
d) Na spodní polovinu navrstvíme buvolí kuře.
e) Navrch dejte nakrájený celer a zelenou cibulku.
f) Navrch položte druhou polovinu ciabatty a jemně přitlačte.
g) Nakrájejte a podávejte.

85.Kuřecí Pesto plněná Ciabatta

SLOŽENÍ:
- 1 ciabatta
- Grilovaná kuřecí prsa, nakrájená na plátky
- Pesto omáčka
- Nakrájené pečené červené papriky
- Sýr mozzarella, strouhaný

INSTRUKCE:
a) Ciabattu rozkrojte podélně napůl.
b) Ciabattu potřeme z obou stran pesto omáčkou.
c) Na spodní polovinu navrstvíme nakrájené grilované kuře.
d) Navrch poklaďte nakrájenou pečenou červenou paprikou a strouhaným sýrem mozzarella.
e) Navrch položte druhou polovinu ciabatty a jemně přitlačte.
f) Nakrájejte a podávejte.

86.Sýrový chléb Ciabatta Jalapeño Popper

SLOŽENÍ:
- 1 bochník ciabatty
- 1 hrnek strouhaného sýra mozzarella
- 1/2 šálku strouhaného sýra čedar
- 1/4 šálku smetanového sýra, změkčeného
- 2-3 jalapeños, zbavené semínek a nakrájené na kostičky
- 2 stroužky česneku, mleté
- 2 lžíce nasekaného čerstvého koriandru (volitelně)

INSTRUKCE:
a) Předehřejte troubu na 375 °F (190 °C).
b) Bochník ciabatty podélně rozkrojte napůl a obě poloviny položte na plech.
c) V malé misce smíchejte změklý smetanový sýr, mletý česnek, na kostičky nakrájené jalapeños a nasekaný koriandr.
d) Směs smetanového sýra rovnoměrně rozetřeme na obě poloviny bochníku ciabatty.
e) Nastrouhanou mozzarellu a nastrouhaný sýr čedar rovnoměrně posypeme navrch chleba.
f) Pečte v předehřáté troubě 10–15 minut, nebo dokud se sýr nerozpustí a nezvoní a chléb nezlátne.
g) Vyjměte z trouby, nakrájejte a podávejte teplé.

87. Ciabatta s uzeným lososem a smetanovým sýrem

SLOŽENÍ:
- 1 ciabatta
- Plátky uzeného lososa
- Tavený sýr
- Nakrájená červená cibule
- Kapary
- Čerstvý kopr

INSTRUKCE:
a) Ciabattu rozkrojte podélně napůl.
b) Po obou stranách ciabatty namažte smetanový sýr.
c) Na spodní polovinu navrstvíme uzeného lososa.
d) Navrch dejte nakrájenou červenou cibuli, kapary a čerstvý kopr.
e) Navrch položte druhou polovinu ciabatty a jemně přitlačte.
f) Nakrájejte a podávejte.

88.BLT Ciabatta plněná

SLOŽENÍ:
- 1 ciabatta
- Slanina, vařená a rozdrobená
- Nakrájená rajčata
- Listy salátu
- Majonéza

INSTRUKCE:
a) Ciabattu rozkrojte podélně napůl.
b) Ciabattu potřete z obou stran majonézou.
c) Na spodní polovinu navrstvíme slaninu, nakrájená rajčata a salát.
d) Navrch položte druhou polovinu ciabatty a jemně přitlačte.
e) Nakrájejte a podávejte.

89. Ciabatta plněná vaječným salátem

SLOŽENÍ:
- 1 ciabatta
- Vaječný salát (vyrobený z vajec natvrdo, majonézy, hořčice a koření)
- Listy salátu
- Nakrájené okurky

INSTRUKCE:
a) Ciabattu rozkrojte podélně napůl.
b) Spodní polovinu potřeme vrstvou vaječného salátu.
c) Navrch dejte listy salátu a nakrájené okurky.
d) Navrch položte druhou polovinu ciabatty a jemně přitlačte.
e) Nakrájejte a podávejte.

90. Ciabatta plněná zeleninou a humusem

SLOŽENÍ:
- 1 ciabatta
- Humus
- Nakrájené okurky
- Nakrájené papriky
- Nakrájená červená cibule
- Černé olivy nakrájené na plátky
- Listy salátu

INSTRUKCE:
a) Ciabattu rozkrojte podélně napůl.
b) Na obě strany ciabatty potřeme vrstvu hummusu.
c) Na spodní polovinu navrstvěte nakrájené okurky, papriku, červenou cibuli, černé olivy a salát.
d) Navrch položte druhou polovinu ciabatty a jemně přitlačte.
e) Nakrájejte a podávejte.

91.Jahodová Ciabatta

SLOŽENÍ:
- 1 ciabatta
- 1 šálek čerstvých jahod, nakrájených na plátky
- 8 oz smetanový sýr, změkčený
- 2 lžíce moučkového cukru
- 1 lžička vanilkového extraktu
- Kůra z 1 citronu
- lístky čerstvé máty na ozdobu (volitelně)

INSTRUKCE:
a) Předehřejte troubu na 350 °F (175 °C).
b) Ciabattu rozkrojte podélně napůl a vytvořte dvě poloviny.
c) Půlky ciabatty položte na plech a opékejte je v předehřáté troubě asi 5 minut, nebo dokud nebudou lehce křupavé. Pokud dáváte přednost měkčí ciabattě, můžete tento krok přeskočit.
d) V míse smíchejte změklý smetanový sýr, moučkový cukr, vanilkový extrakt a citronovou kůru. Míchejte, dokud nebude hladká a dobře spojená.
e) Jakmile jsou poloviny ciabatty opečené, nechte je několik minut vychladnout.
f) Směs smetanového sýra rovnoměrně rozetřeme po řezných stranách ciabatty.
g) Nakrájené jahody položte na vrstvu smetanového sýra.
h) V případě potřeby ozdobte lístky čerstvé máty pro zvýraznění barvy a chuti.
i) Dejte obě poloviny ciabatty k sobě a vytvořte sendvič.
j) Ostrým nožem nakrájejte ciabattu na jednotlivé porce.
k) Podávejte jahodovou Ciabattu a užívejte si!

92.Fík Ciabatta

SLOŽENÍ:
- 1 ciabatta
- 8-10 čerstvých fíků, nakrájených na plátky
- 4 oz kozí sýr nebo smetanový sýr
- 2-3 lžíce medu
- Listy čerstvého rozmarýnu na ozdobu (volitelné)

INSTRUKCE:
a) Předehřejte troubu na 350 °F (175 °C).
b) Ciabattu rozkrojte podélně napůl a vytvořte dvě poloviny.
c) Půlky ciabatty položte na plech a opékejte je v předehřáté troubě asi 5 minut, nebo dokud nebudou lehce křupavé. Pokud dáváte přednost měkčí ciabattě, můžete tento krok přeskočit.
d) Zatímco se ciabatta opéká, omyjte a nakrájejte čerstvé fíky.
e) Jakmile jsou poloviny ciabatty opečené, nechte je několik minut vychladnout.
f) Na řezné strany ciabatty rovnoměrně rozprostřete kozí sýr nebo smetanový sýr.
g) Navrstvíme na plátky nakrájené fíky.
h) Fíky pokapejte medem. Množství medu lze upravit podle vaší chuti.
i) Pokud chcete, ozdobte listy čerstvého rozmarýnu pro voňavý nádech.
j) Dejte obě poloviny ciabatty k sobě a vytvořte sendvič.
k) Ostrým nožem nakrájejte ciabattu na jednotlivé porce.
l) Podávejte fíkovou Ciabattu a užívejte si!

93.Jablečná Ciabatta

SLOŽENÍ:
- 1 ciabatta
- 2-3 jablka nakrájená na tenké plátky (použijte svou oblíbenou odrůdu)
- 4 oz sýr Brie nebo smetanový sýr
- 2 lžíce medu
- 1/4 šálku nasekaných vlašských ořechů (volitelně)
- Listy čerstvého tymiánu na ozdobu (volitelně)

INSTRUKCE:
a) Předehřejte troubu na 350 °F (175 °C).
b) Ciabattu rozkrojte podélně napůl a vytvořte dvě poloviny.
c) Půlky ciabatty položte na plech a opékejte je v předehřáté troubě asi 5 minut, nebo dokud nebudou lehce křupavé. Pokud dáváte přednost měkčí ciabattě, můžete tento krok přeskočit.
d) Zatímco se ciabatta opéká, jablka omyjte, zbavte jádřinců a nakrájejte na tenké plátky.
e) Jakmile jsou poloviny ciabatty opečené, nechte je několik minut vychladnout.
f) Sýr Brie nebo smetanový sýr rovnoměrně rozprostřete na řezané strany ciabatty.
g) Na sýrovou vrstvu položte nakrájená jablka.
h) Jablka pokapejte medem. Upravte množství medu na požadovanou úroveň sladkosti.
i) Pokud chcete, posypte jablka nasekanými vlašskými ořechy pro lahodné křupání.
j) Pokud máte čerstvé lístky tymiánu, ozdobte svou jablečnou Ciabattu několika snítkami tymiánu pro větší chuť.
k) Dejte obě poloviny ciabatty k sobě a vytvořte sendvič.
l) Ostrým nožem nakrájejte ciabattu na jednotlivé porce.
m) Naservírujte si jablečnou Ciabattu a užívejte si!

94.Ciabatta broskev a bazalka

SLOŽENÍ:
- 1 ciabatta
- 2-3 zralé broskve, nakrájené na tenké plátky
- 4 oz čerstvého sýra mozzarella, nakrájený na plátky
- Listy čerstvé bazalky
- 2 lžíce extra panenského olivového oleje
- 1 lžíce balzamikového octa
- Sůl a černý pepř podle chuti

INSTRUKCE:
a) Předehřejte troubu na 350 °F (175 °C).
b) Ciabattu rozkrojte podélně napůl a vytvořte dvě poloviny.
c) Půlky ciabatty položte na plech a opékejte je v předehřáté troubě asi 5 minut, nebo dokud nebudou lehce křupavé. Pokud dáváte přednost měkčí ciabattě, můžete tento krok přeskočit.
d) Zatímco se ciabatta opéká, omyjte a nakrájejte na tenké plátky zralé broskve.
e) Jakmile jsou poloviny ciabatty opečené, nechte je několik minut vychladnout.
f) Na jednu polovinu ciabatty naaranžujte plátky čerstvé mozzarelly.
g) Na mozzarellu položte nakrájené broskve.
h) Natrhejte lístky čerstvé bazalky a rozsypte je na broskve.
i) Vrstvu broskví a bazalky pokapejte extra panenským olivovým olejem a balzamikovým octem.
j) Podle chuti dochuťte špetkou soli a čerstvě mletým černým pepřem.
k) Navrch dejte druhou polovinu ciabatty a vytvořte sendvič.
l) Ostrým nožem nakrájejte ciabattu na jednotlivé porce.
m) Podávejte broskvovou a bazalkovou Ciabattu a užívejte si!

95. Ciabatta s malinovým a kozím sýrem

SLOŽENÍ:
- 1 ciabatta
- 4 oz kozí sýr
- 1 šálek čerstvých malin
- 2 lžíce medu
- lístky čerstvé máty (volitelně, na ozdobu)

INSTRUKCE:
a) Předehřejte troubu na 350 °F (175 °C).
b) Ciabattu rozkrojte podélně napůl a vytvořte dvě poloviny.
c) Půlky ciabatty položte na plech a opékejte je v předehřáté troubě asi 5 minut, nebo dokud nebudou lehce křupavé. Pokud dáváte přednost měkčí ciabattě, můžete tento krok přeskočit.
d) Zatímco se ciabatta opéká, omyjeme čerstvé maliny.
e) Jakmile jsou poloviny ciabatty opečené, nechte je několik minut vychladnout.
f) Na řezné strany ciabatty rovnoměrně rozprostřete kozí sýr.
g) Na vrstvu kozího sýra nasypte čerstvé maliny.
h) Maliny pokapejte medem. Množství medu můžete upravit na požadovanou úroveň sladkosti.
i) Pokud chcete, ozdobte lístky čerstvé máty, aby získaly barvu a přidali chuť.
j) Dejte obě poloviny ciabatty k sobě a vytvořte sendvič.
k) Ostrým nožem nakrájejte ciabattu na jednotlivé porce.
l) Podávejte Ciabattu s malinovým a kozím sýrem a užívejte si!

96.Hroznová a Gorgonzola Ciabatta

SLOŽENÍ:
- 1 ciabatta
- 4 unce sýra Gorgonzola
- 1 šálek červených nebo černých hroznů bez pecek, rozpůlených
- 2 lžíce medu
- Listy čerstvého tymiánu (volitelně, na ozdobu)

INSTRUKCE:
a) Předehřejte troubu na 350 °F (175 °C).
b) Ciabattu rozkrojte podélně napůl a vytvořte dvě poloviny.
c) Půlky ciabatty položte na plech a opékejte je v předehřáté troubě asi 5 minut, nebo dokud nebudou lehce křupavé. Pokud dáváte přednost měkčí ciabattě, můžete tento krok přeskočit.
d) Zatímco se ciabatta opéká, omyjeme a rozpůlíme hrozny bez pecek.
e) Jakmile jsou poloviny ciabatty opečené, nechte je několik minut vychladnout.
f) Sýr Gorgonzola rovnoměrně rozprostřete na řezané strany ciabatty.
g) Rozpůlené hrozny rozložte na vrstvu Gorgonzola.
h) Hrozny a sýr pokapejte medem. Množství medu můžete upravit na požadovanou úroveň sladkosti.
i) V případě potřeby ozdobte lístky čerstvého tymiánu pro voňavý nádech.
j) Dejte obě poloviny ciabatty k sobě a vytvořte sendvič.
k) Ostrým nožem nakrájejte ciabattu na jednotlivé porce.
l) Naservírujte si hroznovou a Gorgonzola Ciabatta a užívejte si!

97. Hruška a ořech Ciabatta

SLOŽENÍ:
- 1 ciabatta
- 2 zralé hrušky, nakrájené na tenké plátky
- 1/2 šálku nasekaných vlašských ořechů
- 4 oz niva nebo kozí sýr
- 2 lžíce medu
- Listy čerstvého tymiánu (volitelně, na ozdobu)

INSTRUKCE:
a) Předehřejte troubu na 350 °F (175 °C).
b) Ciabattu rozkrojte podélně napůl a vytvořte dvě poloviny.
c) Půlky ciabatty položte na plech a opékejte je v předehřáté troubě asi 5 minut, nebo dokud nebudou lehce křupavé. Pokud dáváte přednost měkčí ciabattě, můžete tento krok přeskočit.
d) Zatímco se ciabatta opéká, oloupejte, zbavte jádřince a nakrájejte zralé hrušky na tenké plátky.
e) Jakmile jsou poloviny ciabatty opečené, nechte je několik minut vychladnout.
f) Na řezné strany ciabatty rovnoměrně rozprostřete nivu nebo kozí sýr.
g) Na sýrovou vrstvu vyskládejte nakrájené hrušky.
h) Hrušky posypeme nasekanými vlašskými ořechy.
i) Hrušky a vlašské ořechy pokapejte medem. Množství medu můžete upravit na požadovanou úroveň sladkosti.
j) V případě potřeby ozdobte lístky čerstvého tymiánu pro větší chuť.
k) Dejte obě poloviny ciabatty k sobě a vytvořte sendvič.
l) Ostrým nožem nakrájejte ciabattu na jednotlivé porce.
m) Podávejte hruškovou a ořechovou Ciabattu a užívejte si!

98. Mango Ciabatta

SLOŽENÍ:
- 1 ciabatta
- 2 zralá manga, oloupaná, vypeckovaná a nakrájená na tenké plátky
- 4 oz smetanový sýr nebo kozí sýr
- 2 lžíce medu
- lístky čerstvé máty (volitelně, na ozdobu)
- 160 gramů (5 uncí) nakrájeného vařeného kuřete (volitelně)

INSTRUKCE:
a) Předehřejte troubu na 350 °F (175 °C).
b) Ciabattu rozkrojte podélně napůl a vytvořte dvě poloviny.
c) Půlky ciabatty položte na plech a opékejte je v předehřáté troubě asi 5 minut, nebo dokud nebudou lehce křupavé. Pokud dáváte přednost měkčí ciabattě, můžete tento krok přeskočit.
d) Zatímco se ciabatta opéká, oloupejte, vypeckujte a nakrájejte zralé mango na tenké plátky.
e) Jakmile jsou poloviny ciabatty opečené, nechte je několik minut vychladnout.
f) Smetanový nebo kozí sýr rovnoměrně rozprostřete na řezané strany ciabatty.
g) Na sýrovou vrstvu položte nakrájené mango a kuřecí maso.
h) Plátky manga pokapejte medem. Množství medu můžete upravit na požadovanou úroveň sladkosti.
i) Pokud chcete, ozdobte lístky čerstvé máty, aby získaly barvu a přidali chuť.
j) Dejte obě poloviny ciabatty k sobě a vytvořte sendvič.
k) Ostrým nožem nakrájejte ciabattu na jednotlivé porce.
l) Podávejte mango Ciabattu a užívejte si!

99.Blackberry a Ricotta Ciabatta

SLOŽENÍ:
- 1 ciabatta
- 1 šálek čerstvých ostružin
- 8 uncí sýra ricotta
- 2 lžíce medu
- lístky čerstvé bazalky na ozdobu (volitelně)

INSTRUKCE:
a) Předehřejte troubu na 350 °F (175 °C).
b) Ciabattu rozkrojte podélně napůl a vytvořte dvě poloviny.
c) Půlky ciabatty položte na plech a opékejte je v předehřáté troubě asi 5 minut, nebo dokud nebudou lehce křupavé. Pokud dáváte přednost měkčí ciabattě, můžete tento krok přeskočit.
d) Zatímco se ciabatta opéká, jemně omyjte a osušte čerstvé ostružiny.
e) Jakmile jsou poloviny ciabatty opečené, nechte je několik minut vychladnout.
f) Na řezné strany ciabatty rovnoměrně rozprostřete sýr ricotta.
g) Na vrstvu ricotty naaranžujte čerstvé ostružiny.
h) Ostružiny pokapejte medem. Množství medu můžete upravit na požadovanou úroveň sladkosti.
i) Pokud chcete, ozdobte lístky čerstvé bazalky pro zvýraznění barvy a přidané chuti.
j) Dejte obě poloviny ciabatty k sobě a vytvořte sendvič.
k) Ostrým nožem nakrájejte ciabattu na jednotlivé porce.
l) Podávejte Blackberry a Ricotta Ciabatta a užívejte si!

100. Ciabatta se šunkou, sýrem a bylinkami

SLOŽENÍ:
- 1½ polévkové lžíce aktivního sušeného droždí
- 1½ šálku teplé vody
- 1 lžíce medu
- 4 hrnky (cca) nebělené bílé mouky
- ½ lžičky soli
- 4 lžíce olivového oleje
- 1½ šálku nakrájené šunky nebo vepřového masa
- ½ šálku čerstvě nastrouhaného parmazánu
- 2 lžičky nasekaného čerstvého rozmarýnu
- 2 lžičky nasekaného čerstvého tymiánu
- 2 lžičky nasekané čerstvé šalvěje

INSTRUKCE:

a) Vložte droždí do velké mísy. Smíchejte teplou vodu a med a nechte na teplém místě asi 10 minut, nebo dokud se droždí nerozpustí a nezačne bublat.

b) Do kváskové směsi postupně prosijte mouku a sůl za stálého míchání, dokud se těsto nezačne odtahovat od stěn mísy.

c) Na pracovní plochu nasypte trochu mouky a těsto několik minut jemně hněťte. Těsto rozřízněte na polovinu a jednu polovinu rozválejte na obdélník (jako obdélníková pizza) o rozměrech 14 x 10 palců. Těsto potřeme 1½ lžíce olivového oleje.

d) Polovinu šunky rozetřete po povrchu a jemně ji zatlačte do těsta. Navrch nasypte polovinu sýra a na těsto posypte polovinu bylinek a štědře mletého čerstvého černého pepře. Těsto rukama jemně podélně rozválejte do tvaru dlouhého doutníku.

e) Okraje těsta lehce zalepte. Vložte do dobře vymaštěné formy na francouzský chléb a přikryjte čistou utěrkou.

f) Předehřejte troubu na 450 stupňů F.

g) Udělejte druhý bochník. Umístěte dva bochníky chleba na suché teplé místo a nechte přikryté 15 minut odležet.

h) Těsně před pečením bochníky lehce potřeme zbylou 1 lžící olivového oleje. Umístěte na střední rošt horké trouby a pečte 20 až 25 minut, nebo dokud chléb nezíská zlatohnědou kůrku a při poklepání na dno nezní dutě.

ZÁVĚR

Na konci naší cesty světem chleba ciabatta doufám, že se cítíte inspirováni k tomu, abyste si vyhrnuli rukávy, oprášili zástěru a pustili se do vlastního dobrodružství při pečení chleba. „NEJLEPŠÍ PŘÍRUČKA VÝTVORY CIABATTA" byl vytvořen s vášní pro řemeslné pečení a odhodláním pomoci vám dosáhnout mistrovství v pečení chleba ve vaší vlastní kuchyni.

Až budete pokračovat ve zkoumání umění výroby chleba s ciabattou, pamatujte, že skutečná krása tohoto chleba nespočívá pouze v jeho žvýkací struktuře a křupavém povrchu, ale také v radosti ze sdílení s blízkými. Ať už lámete chléb s rodinou a přáteli, vychutnáváte si chvíli klidu u šálku kávy nebo si dopřáváte dekadentní sendvič, ať vás každé sousto chleba ciabatta přiblíží k prostému potěšení z domácí dobroty.

Děkuji, že jste se ke mně připojili na této kulinářské cestě. Ať jsou vaše výtvory z ciabatty vždy žvýkací, křupavé a naprosto chutné, a ať je vaše kuchyně i nadále místem tepla, kreativity a kulinářského objevování. Než se znovu setkáme, šťastné pečení a dobrou chuť!

www.ingramcontent.com/pod-product-compliance
Lightning Source LLC
Chambersburg PA
CBHW050020130526
44590CB00042B/1045